HEYNE BÜCHER

HEYNE KOCHBÜCHER

Von der selben Autorin erschienen außerdem
als Heyne-Taschenbücher

Münchner Schmankerl · Band 07/4054
Leckere Nudelgerichte · Band 07/4087

Trudl Kirchdorfer

Die bayerische Küche

Herausgegeben von Roswitha Heyne

Umschlagzeichnung und Illustrationen von Josef Blaumeiser

WILHELM HEYNE VERLAG
MÜNCHEN

HEYNE-BUCH Nr. 07/4384
im Wilhelm Heyne Verlag, München

Die Augsburger Originalrezepte wurden uns freundlicherweise vom Restaurant »Welser Kuche«, Maximilianstraße 83, 8900 Augsburg, zur Verfügung gestellt.
Die Aschaffenburger Originalrezepte wurden uns freundlicherweise von Herrn Karl Seubert, Romantik-Hotel Post, Goldbacher Straße 19, 8750 Aschaffenburg, zur Verfügung gestellt.
Für den Hauptteil der fränkischen Rezepte danken wir Frau Gretl Zottmann, Nürnberg.
Die bayerische Karte zeichnete Sylvia von Braun, München.
Stiche wurden uns freundlicherweise von der Bayerischen Staatsbibliothek, München, zur Verfügung gestellt.

2. Auflage

Printed in Germany 1986
Gesamtherstellung: Ebner Ulm

ISBN 3-453-40368-1

Inhalt

Ober- und Niederbayern

Franken und Oberpfalz

Schwaben

Erläuterungen:

EL = Eßlöffel
TL = Teelöffel
l = Liter
g = Gramm
Msp = Messerspitze

Die Rezepte sind, wenn nicht anders angegeben, für vier Personen berechnet.

Vorwort

von Siegfried Sommer

In diesem Buch wird viel von der Kochkunst, vom Kochen und den Köchen geschrieben. Was aber wäre denn ein Koch ohne Gourmet und ohne den Esser. Doch nur höchstens ein Bach, der bloß ein Ufer hat. Oder aber, um beim Thema zu bleiben, eine Suppe ohne Löffel. Deshalb sei hier auch einmal von den vielen Schmausern, Schlemmern und stillen Würgern gesprochen, die ja das brave Heimchen am Herd oder den raffinierten Drei-Sterne-Star erst rechtfertigen und die man ähnlich wie die vier menschlichen Grundtemperamente am wilden Ulange genauso antrifft wie in Ulm, und im Pfälzischen ebenso beobachten kann wie in Hinterpfuideifi. Deshalb darf man auch getrost das abgewandelte Sprichwort auf sie anwenden: »Sage mir, wie du ißt, und ich sage dir, wer du bist.«

Da wäre zuerst einmal die weit verbreitete Spezies der Wurschtikusse, die dem sogenannten Luftikus sehr verwandt ist. Für ihn ist jede Nahrungsaufnahme eine Mordsgaudi. Das beginnt schon damit, daß er im Kasino oder in der Kantine blitzschnell den Stuhl zwischen die Beine klemmt und damit schaukelnd wie der Zappelphilipp im Schweinsgalopp über die Hartfaserprärie wippt. Er reitet für Deutschland. Kommt dann die Bedienung mit der Bouillon im Teller, so sagt er schelmisch zu ihr: »Fräulein, wenn Sie Ihren Daumen suchen, den haben Sie in der Suppe.« Auch hat er jede Menge einschlägiger, wenn auch appetitstillender Witze auf Lager. Zum Beispiel jenen, wie der Kellner eine Kraftbrühe serviert, in der eine lebendige Fliege zappelt. Vom Gast mit Schaudern darauf aufmerksam gemacht, entgegnet der Ober mit kühler Stirn: »Ja, aber sehen Sie denn nicht die lauernde Spinne am Tellerrand?« Für verschiedene Spezialgerichte hat dieser Gaudibursch auch selbstgemachte Spezialnamen. So heißen jene Teigwaren, die als Hörnchen auf dem Magenfahr-

München. Kupferstich aus dem 18. Jahrhundert von Michael Wening.

t. München.

plan stehen, wenn sie gebogen und gerippt sind: »Knieschützer«. Und die kurzen geraden nennt er gerne »Wadlstrümpfe«. Bei einem Rollgersten- oder Grützegericht spricht er andererseits gerne von »Kälberzähnen«, während ein Ochsenmaulsalat ganz einfach aus »Stadtratslippen« besteht. Aber ansonsten ist dieser Semmelknödel-Schelm überall gut gelitten, obwohl er in seinem Stammlokal manchmal auch gerne erklärt: »Geh Anni, sag zum Wirt, er soll meine Zeche aufschreiben. Damit er im Winter was zu lesen hat!«

Wesentlich komplizierter und auch viel ernster ist da schon der Systemschmauser. Bevor ein solcher Platz nimmt, dreht er den Stuhlsitz zum Lichte hin, fährt dann mit der Hand darüber und reißt sich sofort die Nagelwurzel auf. Doch das hat er längst erwartet und flickt den Schaden mit dem Abriß von der Mittagszeitung. Dann richtet er seine Sitzgelegenheit exakt nach dem geographischen Nordpol aus, spannt die Hose, als sollte er übergelegt werden und setzt sich mit den züchtig geschlossenen Knien einer lebenslänglichen Jungfrau, die noch einen Heiratsantrag erwartet. Dieser individuelle Esser bestellt am liebsten quadratische, rechteckige oder andere, möglichst symmetrische Gerichte, wie Serviettenknödel, Lendenschnitten oder Goldbarschfilet. Er ist eben ein Viereckesser. Die Speisen zerlegt er in tadellos geformte Würfel und Bisse, während er die Beilagen immer so einteilt, daß bei vierundvierzig gezählten Erbsen auf jeden Fleischhappen genau zwölf Stück kommen. Bei der letzten Gabel voll muß sich dann Null von Null heben. Ist diese Menü-Gleichung aufgegangen, so ist er so stolz und zufrieden, als hätte er die Quadratur des Kreises gelöst. Mit einem dezenten Rülpser verabschiedet er sich dann von der Runde, wobei er nicht versäumt, bei der viel zu tiefen Verbeugung auch noch ein kleines Helles umzustoßen.

Sehr ungern gesehen ist nicht nur im häuslichen Kreise, sondern auch im Restaurant der sogenannte pedantische »Jedshäutalwegschneider«. Er ist der verworrenste unter allen Löffelschwingern. Zuerst merkt er nur nach einiger Zeit, daß er versehentlich auf den Knien seines Tischnachbarn Platz genommen hat. Beim Tranchieren streckt er den kleinen Finger weit weg, als müßte der solange abseits stehen, bis er endlich auch groß geworden ist. Die amputierten Fett- und Knorpelstückchen häuft er am Tellerrand auf. Eigentlich müßte dieser Bœuf à la mode-Sauerbruch ja mit einem weißen Mantel speisen. Etwa zur Halbzeit seiner Mahlzeit wird er dann träumerisch und greift nach der Zeitung. Von da ab heißt sein Menü »Pichelsteiner mit Wetterbericht«. Trotzdem gelingt es ihm immer wieder, ohne hinzuschauen im Rechtsdrall seines Suppenruders eine kleine Pyramide herauszuspachteln. Deshalb sollte er zum Schluß des Menüs auf dem entstandenen Püree-Gipfel auch noch seine Gabel aufpflanzen. Und die »Wacht am Rhein« dazu singen.

Doch der schrecklichste der Schrecken ist zweifellos der Allesfresser. Jener frißt tatsächlich überall, auf Fenstersimsen, Baumstümpfen und auf dem Wendelstein ebenso wie auf einem Kilometerstein. Er ist ein Transch-Hunne. Weil seine ganze Eßkultur ja darin gipfelt, daß im Magen sowieso alles zusammenkommt. Deshalb säbelt er mit seinem »Schanz-Zeug« alles kurz und klein. Schneidet auch noch unorthodoxe Brot-Rudimente in den Napf, salzt das Ganze ohne jeden Grund, sammelt die Essensreste seiner Sippe oder auch wildfremder Mit-Esser grinsend ein und schneidet zum Schluß auch gleich noch ein paar Zahnstocher in sein Dschingis-Khan-Gulasch. Und da wundert er sich dann, wenn sein einziger heiß geliebter Bub ganz leise zur Mutti sagt: »Gell, Mama, wenn ma unsern Papa net hätt'n, könnt' ma uns glatt a Sau halt'n.«

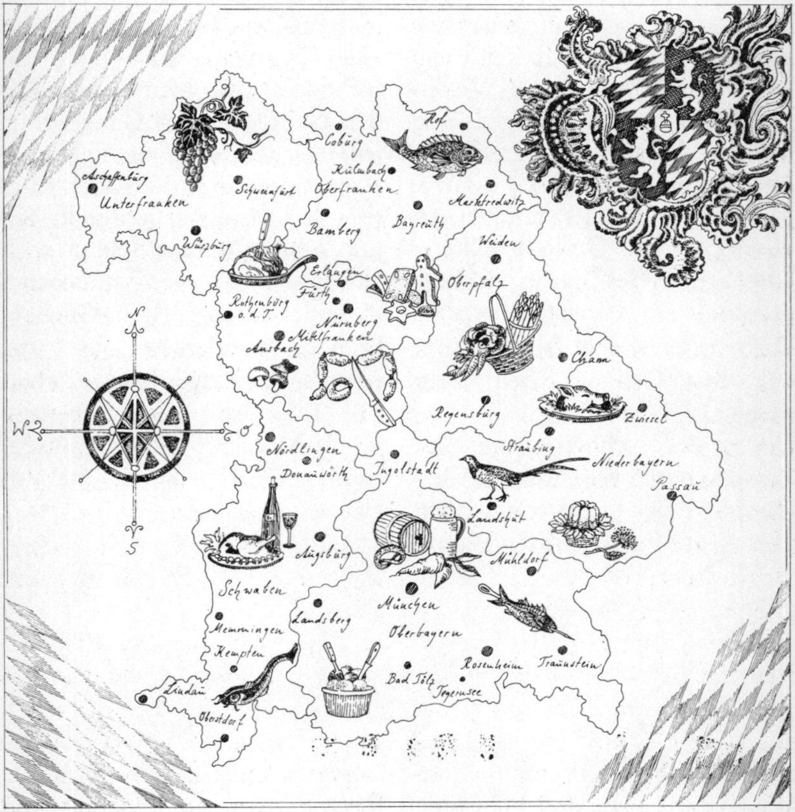
Hof
Coburg
Kulmbach
Oberfranken
Marktredwitz
Aschaffenburg
Unterfranken
Schweinfurt
Bamberg
Bayreuth
Weiden
Würzburg
Erlangen
Oberpfalz
Fürth
Rothenburg o. d. T.
Nürnberg
Mittelfranken
Ansbach
N
W
O
S
Cham
Regensburg
Zwiesel
Straubing
Nördlingen
Niederbayern
Donauwörth
Ingolstadt
Passau
Landshut
Augsburg
Mühldorf
Schwaben
München
Landsberg
Memmingen
Oberbayern
Kempten
Rosenheim
Traunstein
Bad Tölz
Tegernsee
Lindau
Oberstdorf

Altbairische Reminiszenz

Nach Ludwig Thoma frei erzählt

Mei Liaba, sagt der alte Wurmdobler Xaver zu seinem Enkel, dem Girgl, der jetzt auch schon a guater Dreißger is, so ganz vasteh i dös ja net, daß Ihr jetzt gar a so froh seid's mit dera vierzig Stundn Woch. Acht Stund arwat'n am Tag – und gar koa Freid mehr. Na mei Liaba mir gangst!

Wenn man so dran denkt ... dös war'n halt Zeit'n damals in der guatn alten Zeit. Damals, wo ma halt no zwölf Stund g'arbet ham. Zwoa Stund ham ma Mittag g'macht, ham an Schweinsbratn mit Knödl vadruckt, a fümfe sechse scho mei Liaba, handgrieme natürli, weil's da dös neimodische Zeig no gar net gebn hat; oder an Nierenbraten mit an Kartoffelsalat; a diam hamm ma a Drumm Schlachtschüssel dapackt oder a Lüngerl mit Semmiknödl, dazu zwoa drei Maß Bier. So war dös selbigsmal – früher halt.

Vom sechsi in der Fruah bis um sechsi auf d' Nacht hat unser oaner g'arbet. Alloa bis simmi worn ist – Mensch di oane Stund hat scho so lang dauert, da lernt ma fei, wia hart's Wart'n is ... um simmi komma's mit der Biertrag'n, no da nimmt ma sei Maß und trinkt amal. Und nacha hat ma g'arbet bis halwi neune worn is. Da is de erst Brotzeit g'wesen; da san's wieder mit der Biertrag'n komma. Der Lehrbua, der Lausbua, der rotznasig, hat an Leberkas g'holt, an warma, notabeni, und so groß wia 'r a Ziaglstoa. Und frische Laugenbrezn und Maurerloawi dazua und an Kübel Münchner Sempf, den siaßen. Da hat ma si sei Kraft wieda g'holt.

Oder mir hamm a drei, vier Paarl Weißwürst a jeder g'essen, damit's as Zwölfeleitn net hör'n. Auf dem Sektor war'n mir die größten Imperten mei Liaba, weil mir die Rezepter von an Leberkas und vo die Weißwürst akkurat kennt ham. So ham's sei müssen die Würst, genau a so, wia's der Moser Sepp am 22. Februari 1857 in

Minchen im Gasthof *»Zum ewigen Licht«* zum erstenmal g'macht hat.
Woaßt Girgl, sagt der alt Wurmdobler und tuat an tiefen Zug aus seim frisch ei'gschenkten Maßkrug, woaßt Girgl, ös habt's zwar die besserne Arwatszeit errungen, aber die besserne Brotzeit hamm mir g'habt. Und wann ma's richtig o'schaugt, waar's ma glei liaba: a guats Bier, a Trumm Schwartnmag'n oder a Surhax'n, an Enzian zum Bier ... und an Kabidalismus dazua. De hat a halbe Stund dauert, de Brotzeit. Zwoa Stund hamm ma Mittag g'macht, dös hab i dir scho vazählt und nacher hamm ma wieder g'arbet, bis wieder mit'm Biertrag'n komma san. Na hat ma wieda a Maß trunka und um halbe viere hamm ma na die zwoate Brotzeit g'macht, weil's uns halt g'hungert und dürscht hat. Die hat na a a halbe Stund dauert, die zwoate Brotzeit. Und da war's Bier nacha b'sonders guat.

Schau Girgl, so hamm ma's damals in Minchen g'macht, in Augsburg drent genau a so wia in Nürnberg oder Würzburg, in Regensburg, Straubing oder Passau, in Kempten, Aschaffenburg oder Schweinfurt, wia draußen auf'm Land.
Und jetzt frag' i di, Girgl, moanst net a, daß uns eigentli recht guat ganga is damals mit zwölf Stund' Arwatszeit?
Und jetzt trink ma no a Maß, damit ma net vergess'n wia's schmeckt. Zenzi schenk no amal ei! Girgl stoß a! Hopfen und Malz Gott erhalt's!
Amen, sagte der Girgl, der recht nachdenklich geworden war.

Vom bayerischen Bier

Hans, zwoa, gsuffa! – Das sind meistens die ersten und sehr oft auch die einzigen Worte Bairisch, die ein Ausländer, sei es Preuß' oder Amerikaner, lernt, wenn er nach München kommt. Und das Hofbräuhaus ist draußen in der weiten Welt schon fast zu einem Synonym für Bayern geworden. Nicht einmal ganz zu Unrecht. Denn was wären die Bayern ohne Bier? Immerhin liegt in Bayern der Bierverbrauch weit über dem der übrigen Bundesländer. Kein Wunder. Bier wird ja bekanntlich aus Gerste, Hopfen und Wasser hergestellt (ganz speziell in Bayern, wie wir noch hören werden, ohne jeden anderen Zusatz). Und die ersten Urkunden über Hopfenanbau in Deutschland verweisen auf Geisenfeld in der Hallertau und auf Freising, nördlich von München. Das war im 8. Jahrhundert. Bis heute ist die »Holledau« in Niederbayern das größte deutsche Hopfenanbaugebiet, und als älteste noch bestehende Brauerei stellt die Staatsbrauerei Weihenstephan bei Freising ein Bier her, das seinesgleichen sucht. Wie seinerzeit im frühen Mittelalter die Mönche des mächtigen Bistums Freising die widerspenstigen Bayern zu Bierkonsum und zu guten Sitten bekehrten, so sendet heute die an die Weihenstephaner Staatsbrauerei angeschlossene Fakultät für Brauwesen der Technischen Universität München die dort ausgebildeten Diplom-Braumeister und Ingenieure der Fachrichtung Brauwesen in alle Welt, um Japaner, Südafrikaner und Mexikaner zum bayerischen Bier zu bekehren. In Bayern hält man halt auf Tradition. So erscheint es eigentlich ganz natürlich, daß es die bayerischen Herzöge waren, die im späten Mittelalter der immer mehr um sich greifenden Bierpanscherei und -mischerei den Kampf ansagten. 1516 erließen Wilhelm IV. und Ludwig X. das erste »Lebensmittelgesetz« der Welt, das sogenannte Reinheitsgebot. Es trägt den Titel:

»Wie das Pier summer und wintter auffm land sol geschennckt geprawen werden« und gebietet, daß »zu keinem Pier / merer stuckh / dann allein Gersten / hopffen / und wasser / genommen und gepraucht sölle werden.« Dieses Gebot gilt in Bayern noch heute.

Als im Jahr 1957 zwischen Bayern und den übrigen Bundesländern ein recht heftiger juristischer Streit ausbrach, ob mit Zucker versetzte, gesüßte Brauereierzeugnisse unter dem Namen »Bier« verkauft werden dürften, gewann der Freistaat für sein Gebiet diesen »Süßbierkrieg«. Und so müssen hierzulande alle gesüßten »Biere« stets unter Bezeichnungen wie »Nährtrunk« oder ähnlich in den Handel gebracht werden.

Vielerlei Biersorten gibt es in Bayern. Neben hellem und dunklem Vollbier – das dunkle, süßer und malziger schmeckend und ehedem im altbairischen Raum besonders beliebt, tritt heute zugunsten des herberen hellen immer mehr zurück – haben sich die süffigen Starkbiere Ruhm erworben, vor allem die Frühjahrsstarkbiere. In München haben sie klangvolle Phantasienamen, die alle auf »ator« endigen. Das erste Faß »Salvator« zapft der Münchner Oberbürgermeister immer persönlich an! Weil diese Starkbiere im März zum erstenmal im Jahr ausgeschenkt werden, verwechselt man sie häufig mit dem sogenannten »Märzen«, das herrlich vollmundig – aber kein Starkbier ist. Das gleiche gilt für das »Wiesenmärzen«, das zum weltberühmten Oktoberfest, zur Wiesen, ausgeschenkt wird – wobei wieder der Münchner »OB« den Anzapfer macht.

Damit der Starkbiertrinker zwischendurch nicht dürsten muß, gibt's im Mai noch den Maibock. Alle diese Biere, Märzen, Starkbier und, wenn er's mag, auch das tägliche Quantum, bestellt der echte Bayer per »Maß« in einen Liter, eine Maß, fassenden Maßkrügen aus schwerem Glas oder auch aus grauem Steinzeug, sogenannten Keferlohern. Der Name kommt von dem kleinen Ort Keferloh östlich von München, wo in früheren Jahrhunderten alljährlich ein großer Viehmarkt abgehalten wurde. Die Viehhändler sind durstige und – jähzornige Leute, einer Rauferei nicht abgeneigt, und so mögen denn die Keferloher Schankwirte in weiser Voraussicht billige graue Krüge auf den Tisch gestellt haben. Der materielle Schaden bei Wirtshausraufereien war dann nicht allzugroß, wenn man von den Köpfen der Betroffenen absieht.

Aus hohen, schlanken, leicht trichterförmigen Gläsern trinkt man eine andere bayerische Spezialität, das Weiß- oder Weizenbier, eine obergärige Sorte, der Weizenmalz zugesetzt ist. Bayerisches Weißbier ist sehr erfrischend und bekömmlich – auf keinen Fall darf jedoch ein »Schuß« Himbeersaft hinein wie etwa bei der Berliner Weißen. Höchstens ein Zitronenradel ist erlaubt.

Wenn auch Altbayern – Ober- und Niederbayern – zu Recht als Kernland des bayerischen Bieres gilt, so seien doch die Schwaben nicht vergessen: auch sie brauen und trinken gute, nach bayerischer Art gebraute Biere, vor allem in der Augsburger und Memminger Gegend.

Und die Franken? Schließlich liegen in der Nürnberger Gegend, bei Spalt und Hersbruck, die zweitgrößten deutschen Hopfenanbaugebiete, und das fränkische Bier ist fast ebenso berühmt wie der Frankenwein. Kein Wunder – in Kulmbach, dessen Weltruf als

Bierstadt wohlverdient ist, braut man das vielleicht alkoholreichste Bier, den »Eisbock«. Etwas ganz Besonderes hat Bamberg anzubieten: das Rauchbier, Schlenkerla genannt. Sein kräftiger Räuchergeschmack wird dadurch erzielt, daß das Braumalz über offenem Holzkohlenfeuer gedarrt (geröstet) wird.

Manche Namen und manche Orte fehlen noch auf unserer bayerischen Bierreisekarte. Aber niemand möge sich übergangen fühlen! Für ganz Bayern gilt, was der ehemalige bayerische Landtagspräsident Michael Horlacher 1947 energisch feststellte (von seiten der Besatzungsmächte drohte Bayern damals ein absolutes Brauverbot): »Eine Trokkenlegung Bayerns wäre in seiner Geschichte eine einmalige Angelegenheit und würde in unserem Volk eine psychologische Stimmung erzeugen, die für uns absolut nicht mehr zu ertragen wäre.«

In diesem Sinn: An Guatn!

Ober- und Niederbayern

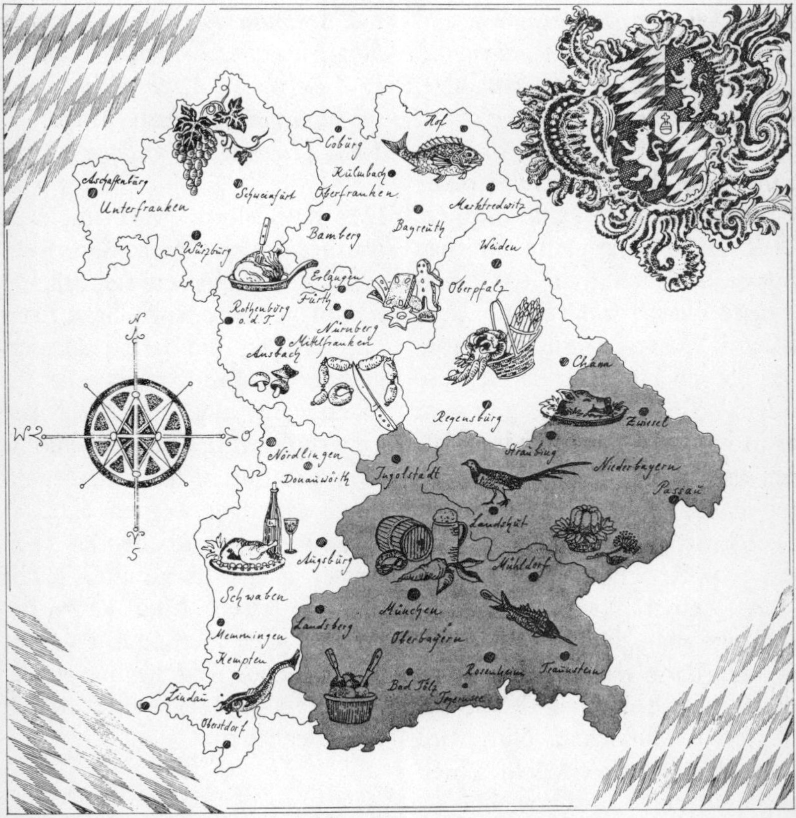

Suppen

Fleischsuppe

600–750 g Suppenfleisch,
1½–2 l Wasser, 1 gelbe Rübe,
1 Stück Lauch, 1 Stück Sellerie,
1 Petersilienwurzel mit etwas
Grünem, Salz, Pfeffer, 1 Zwiebel

Eine gute Fleischbrühe ist die Grundlage für fast alle Suppen. Will man eine gute kräftige Suppe, so setzt man das gewaschene Fleisch mit etwas Salz in kaltem Wasser zu. Ißt man aber das Fleisch hinterher zu Gemüse oder als Tellerfleisch, so gibt man es in heißes oder siedendes Wasser, damit sich die Poren sofort schließen. Bei einer kleinen Fleischmenge empfiehlt es sich, ein paar Knochen mitzukochen. Nach einer halben Stunde schäumt man die Suppe 1–2mal ab, gibt dann das Grünzeug und die Gewürze dazu und läßt das Fleisch weichkochen. Nun wird die Brühe durch ein feines Sieb gegossen und abgeschmeckt.

Leberknödlsuppe

250 g Rindsleber, Knödelbrot von
6–8 Semmeln vom Vortag,
50 g Milz, 1–2 EL Mehl, 1 Ei,
½ Zwiebel, ⅛ l Milch, Salz,
Pfeffer, 1 Knoblauchzehe,
1 EL Majoran, Fleischsuppe

Das Knödelbrot wird mit lauwarmer Milch übergossen, feingehackte Zwiebel, eine zerdrückte Knoblauchzehe sowie Salz, Pfeffer, Majoran und das Ei darübergegeben. Gut durchziehen lassen. Dann gibt man die geschabte Leber und Milz dazu und mischt alles gut durch. Mit angefeuchteten Händen werden Knödel geformt und in kochendes Salzwasser gelegt. 15 Minuten leicht kochen lassen. Man kann die Knödel aber ebensogut gleich in die kochende Fleischbrühe geben. Die Leberknödel sollen weich und locker sein.

Flaumsuppe

1 EL Mehl, Salz, etwas Safran,
1–1½ l Fleischbrühe, 3 Eier,
kleingeschnittener Schnittlauch,
geröstete Semmelbröckerl

Eier, Mehl, Salz und Safran rührt man so lange, bis alles schaumig ist, gießt dann die kochende Fleischbrühe darüber und kocht die Suppe noch 10 Minuten. Kleingeschnittenen Schnittlauch darüberstreuen und abgeröstete Semmelbröckerl dazu reichen.

Verkochte Brotsuppe

300–400 g altes Schwarzbrot
(Schwarzbrotreste), 1 Zwiebel,
2 Eier, 50 g Fett, Salz, Pfeffer,
Muskat, etwas saurer Rahm,
feingehackter Schnittlauch

Das Schwarzbrot einweichen. Die kleingehackte Zwiebel in Fett anrösten, dann das eingeweichte Schwarzbrot dazugeben, kräftig würzen, die Brühe darangießen und 30 Minuten durchkochen. Nun passiert man die Suppe durch, verfeinert sie mit saurem Rahm und verquirlten Eiern, rührt gut durch und bringt sie mit Schnittlauch bestreut zu Tisch.

Aufgeschmalzene Brotsuppe mit Leberwurst

ca. 250 g altes Brot,
1½ l Fleischbrühe, 60 g Butter,
2 Zwiebeln, Salz, Pfeffer,
4 Leberwürste

Das Brot in kleine dünne Scheibchen schneiden und in eine vorgewärmte Schüssel geben. Die Brühe würzen und zum Kochen bringen, in der Zwischenzeit die in halbe Scheibchen geschnittenen Zwiebeln im Fett schön braun rösten. Dann gießt man die gut abgeschmeckte Brühe über die Brotscheiben und die gerösteten Zwiebeln. In die Teller gibt man die in heißem Wasser vorgewärmten Leberwürste (bayerische Leberwürste vom Schlachttag), darüber die heiße Suppe. Die Leberwurst wird in der Suppe ausgedrückt und gut durchgemischt.

Gehäcksuppe
(altes bayerisches Rezept)

Übriggebliebenes Kalb- und Hühnerfleisch, am besten ist das gebratene, Zitronenschnitzchen, Petersiliengrün und Zwiebel werden klein untereinander gewiegt. In einem Tiegel lasse man Abschöpffett zerfließen, staube einen Löffel voll feines Mehl darein, lasse es unter beständigem Umrühren gelblicht werden, rühre das Gewiegte darunter, lasse es noch ein wenig dünsten, gieße gute Fleischbrühe darüber, lasse es noch einmal aufsieden, klopfe drei Eier ab, salze sie ein wenig, tauche Semmelschnitten darein und backe sie in heißem Schmalz schön bräunlich aus, schneide sie würfelartig in die Suppenschüssel, fricassiere die Suppe mit Eidottern und richte sie über den Semmeln an.

Milzsuppn

150 g Milz, 40 g Fett, 1 Zwiebel,
ca. 1½ l Brühe oder Fleischsuppe,
2 EL Mehl, Petersilie, Salz, Pfeffer

Milz waschen und mit einem scharfen Messer schaben. Die geschabte Milz mit der feingeschnittenen Petersilie und gehackter Zwiebel im heißen Fett ca. 5–10 Minuten andünsten, mit Mehl bestäuben und nach und nach mit der Brühe aufgießen. Glattrühren und 30 Minuten leicht kochen lassen. Mit Salz und Pfeffer abschmecken.

Grimmiteigsuppn
(geriebene Teigsuppn)

125 g Mehl, Salz, 1 Ei
1½ l Fleischbrühe, Schnittlauch
oder Petersilie

Aus Mehl, Ei und Salz einen festen Teig kneten und daraus einen Ballen formen. Auf dem Reibeisen reiben Sie ihn in dünnen Flöckchen ab, lassen diese trocknen und geben Sie in die kochende Suppe. Noch einmal aufkochen, 10 Minuten ziehen lassen und mit Schnittlauch oder Petersilie bestreuen.

Biersuppn

½ l helles oder dunkles Bier,
1 EL Mehl, 2 EL Zucker,
30 g Butter, 1 Eigelb,
etwas süßer Rahm (Sahne),
Salz, Zimt,
1 Stück ungespritzte Zitronenschale

Das Bier wird mit dem Zucker, etwas Zimt, einem Stück Zitronenschale und Salz aufgekocht, dann 2–3mal abgeschäumt. In der Zwischenzeit bereitet man aus Butter und Mehl eine helle Schwitze, gießt den heißen Biersud nach und nach zu, läßt nochmals gut aufkochen und rührt vor dem Auftragen Eigelb und Rahm darunter.

Geröstete Grießsuppn

4 EL Grieß, 60 g Fett,
1–1½ l Brühe oder Fleischsuppe,
Salz, Pfeffer, etwas Muskatnuß,
Schnittlauch

Der Grieß wird im heißen Fett goldbraun geröstet und mit der Brühe aufgegossen. Man läßt die Suppe ca. 20 Minuten leicht kochen und bestreut sie mit kleingeschnittenem Schnittlauch.

Hirnsuppn

125–150 g Hirn, 40 g Fett,
2 EL Mehl, ½ Zwiebel, 1 Eigelb,
Salz, Pfeffer, Muskatnuß,
1½ l Brühe oder Fleischsuppe,
Schnittlauch

Das Hirn in heißes Wasser legen, damit sich die Haut abziehen läßt. Die Blutgerinnsel entfernen. Das abgehäutete Hirn fein wiegen oder hacken. Im Topf das Fett zergehen lassen, die zerkleinerte Zwiebel andünsten, das Mehl dazugeben und leicht anrösten. Mit der Brühe aufgießen, würzen und 20 Minuten kochen lassen. Dann das Hirn dazugeben und noch 5 Minuten durchkochen. Jetzt die Suppe mit dem Eigelb legieren, abschmecken und mit feingeschnittenem Schnittlauch bestreuen.

Brieslaiberlsuppe
(altes bayerisches Rezept)

1 Kalbsbries (in Norddeutschland Milch oder Schweser genannt), 2 Eier, 1 Zwiebel,
Pfeffer, Salz, Muskat,
1–1½ Tassen Semmelbrösel,
etwas Milch,
etwas geriebene Zitronenschale,
1 TL Butter,
1–1½ l Fleischbrühe,
viel feingehackte Petersilie

Das Kalbsbries kocht man kurz in gesalzenem Wasser, häutet es und wiegt es klein. Dann rührt man es mit den Eiern, kleingeschnittener Zwiebel, der Hälfte der Petersilie, Zitronenschale, den Gewürzen, Semmelbröseln und etwas Milch zu einer nicht zu festen Masse.
Ein reines Tuch bestreicht man mit Butter, gibt die Masse hinein, bindet das Tuch fest zusammen, gibt es in einen Topf mit kochender Fleischbrühe und läßt eine Stunde kochen.
Das Brieslaibchen wird in Stücke geschnitten, auf die Teller verteilt und heiße Fleischbrühe darübergegossen. Mit Schnittlauch oder kleingehackter Petersilie bestreut servieren.

Bratstrudelsuppn

4 dünne Suppenpfannkuchen,
1–1½ EL Fleischsuppe,
Bratnockerlteig
(s. nebenstehendes Rezept)

Der Nockerlteig wird auf die Pfannkuchen verteilt und glattgestrichen. Dann werden die Pfannkuchen zusammengerollt. Aus jedem Pfannkuchen 4 Stücke schneiden, die man an den Rändern fest zusammendrückt. In die kochende Fleischbrühe geben und 10–15 Minuten leicht kochen lassen.

Panadelsuppe

3–4 Semmeln vom Vortag,
50 g Butter, 2 Eier,
1–1½ l Fleischbrühe, Salz, Pfeffer,
Muskat, 1 Zwiebel, Schnittlauch

Die Semmeln schneidet man in Würfel oder Scheiben und röstet sie in Butter mit der kleingehackten Zwiebel gut an. Dann gießt man die Brühe daran, läßt alles 10 Minuten kochen, schmeckt ab, gibt die verquirlten Eier darunter und läßt die Suppe noch einmal kurz aufwallen. Mit Schnittlauch bestreut zu Tisch bringen.

Bratnockerlsuppn

250 g Brat (Wurstmasse),
⅛ l Milch, 30 g Butter,
½ Zwiebel, 1 Ei,
4–6 EL Semmelbrösel, Petersilie,
Salz, Muskatnuß

Das Brat mit der Milch glattrühren, würzen. Zerkleinerte Zwiebel und Petersilie im Fett andünsten und mit dazugeben. Ei und Semmelbrösel, Salz und abgeriebene Muskatnuß mischen – der Teig darf nicht zu streng sein. Mit einem nassen Eßlöffel Nockerl abstechen und in die kochende Fleischbrühe geben. Ungefähr 10–15 Minuten kochen lassen.

Kreutlsuppn

Ca. 125 g Kreutl (Kerbel),
40 g Fett, 1½ EL Mehl,
½ Zwiebel, ca. 1½ l Brühe oder
Fleischsuppe, Salz, Pfeffer

Kreutl – so werden die Kerbelsträußchen genannt, die es im Frühjahr in allen Standerln des weltberühmten Münchner Viktualienmarktes zu kaufen gibt. Am Gründonnerstag darf die

Kreutlsuppn auf keinem Münchner Mittagstisch fehlen!
Kreutl waschen und ganz klein hacken oder wiegen, ebenso die Zwiebel. Das Fett erhitzen, Kreutl und Zwiebel dazugeben und zusammen mit dem Mehl 5 Minuten andünsten. Dann die Brühe langsam zugießen und glatt rühren. 20 Minuten bei kleiner Hitze kochen lassen und abschmecken.

Markknödelsuppe

30 g Rindermark, 1 Ei, Salz,
Muskat, 5–6 EL Semmelbrösel,
1–1½ l Fleischbrühe, ½ Zwiebel,
Petersilie, evtl. 1–2 EL Milch

Das Rindermark wässert man gut aus, damit es weiß wird, und rührt es schaumig. Dann gibt man Ei, Salz, Muskat, die Semmelbrösel und ganz wenig Brühe oder Milch daran, verrührt alles gut und läßt die Masse 20 Minuten stehen. Nun formt man mit angefeuchteten Händen kleine Knödel und gibt sie in die kochende Fleischbrühe, bis sie schwimmen. 10–15 Minuten ziehen lassen, mit feingehackter Petersilie (oder auch mit Schnittlauch) bestreuen und servieren.

Kartoffelsuppn

3–4 Kartoffeln, 3 gelbe Rüben,
1 Stange Lauch (Porree),
1 kleinere Sellerieknolle,
1 Petersilienwurzel, 50 g Fett,
Majoran, Pfeffer, Salz,
etwas Paprika,
ca. 1½ l Fleischbrühe

Kartoffeln und Gemüse sauber waschen und in kleine Würfel bzw. Streifen schneiden. In der Brühe zusetzen, Fett und Gewürze dazugeben und 30 Minuten kochen lassen. Kartoffeln leicht zerdrücken, damit die Suppe sämig wird.
Mit Dampfwürstel, die in der Suppe heißgemacht werden, ist das ein herrliches Hauptgericht.

's Ess'n und 's Dringa

von Siegfried Sommer

Viele Luftikusse sagen sich in dieser Zeit: »Der Mensch muß hin und wieder Buße tun.« Und sie fügen hinzu: »Wer Buße tun will, muß allerdings vorher auch sündigen.« Sie meinen jedoch damit nicht so sehr die Sünden wider die Gesetze. Sondern vielmehr jene gegen die Gesundheit. Denn wer hätte nicht sein kleines Alltagslaster. Und wenn ein herzhaft lebender Mensch auch nicht gerade eine Ermunterung zum Genuß braucht, so weiß er doch für seine speziellen Lebenssünden jede Menge passender Ausreden und Sprüche. Da sind zuerst einmal die regelmäßigen Biertrinker. Hält man beispielsweise einem aufrechten Freund der kühlen Blonden seine Schwäche vor, so erwidert er möglicherweise streng logisch: »Sie wissen doch, daß ein Liter Bier genauso viel Nährwert hat wie ein halbes Kilo Rindfleisch. Ich kann aber doch nicht jeden Tag sechs Pfund Ochsenfleisch essen.« Oder tadelt ein Gesundheitsapostel vielleicht gar einen Bayern mit den Worten: »Sagen Sie, warum trinken Sie bloß soviel? Was sagt denn da Ihre Leber dazu?« So kann dieser Puritaner leicht zu hören kriegen: »De Leber hat bei uns gornix zum sog'n. De kommt bei uns in d'Knödl nei.«

Ein eigenes Völkchen sind auch die passionierten Becherschwinger. Die schlabbern und schlürfen und beißen und knipsen mit lüsternem Augenzahn auf einem Wachenheimer Lumpen oder gar einem Kröver Nacktarsch herum und sagen dazu nach jedem zweiten Schluck: »In vino veritas.« Manche locken den feuchten Sonnenschein auch durch ein leises Zungenschnalzen aus dem Gläschen, drücken ihn zärtlich an den Gaumen und verdrehen dabei die Augen glückselig nach oben wie die Hühner beim Wassertrinken. Und wenn sie voll des süßen Rebensaftes sind, sagen die bemoosten Zecher manchmal mit resigniertem Seufzer auch die letzten zwei Zeilen des be-

kannten, aber etwas abgewandelten Liedchens vor sich hin: »... bleibt allein. Bad Gastein.«
»I woaß gar net, i kann ess'n und dringa wos i wui, mia schmeckt einfach de schönste Arbat net«, lamentiert der liederliche Schnapskipper kichernd beim geliebten Dreistöckigen. Im übrigen rechtfertigt er seine stille Leidenschaft mit vielen anderen Lebensweisheiten und erklärt: »Scho a oide Volksweise besagt doch: Juppheidi, Juppheida, Schnaps is guat für Cholera, und was gegen de Cholera huift, kann gegen de andern Anfechtungen des Lebens sicher aa net schad'n.« Drum heißt die kleine Philosophie des Kümmel- und Kornliebhabers meistens: »Für mei G'sundheit tua i ois. Denn was nützt scho dem Armen de Krankheit.«
Kurz und bündig hingegen erklären manche Kaffeejünger und -tanten auf diesbezügliche Vorbehalte: »Sicherlich, allzuviel Kaffee mag vielleicht scho schädlich sein. Aber bittschön, a Krieg is aa schädlich.«

Bleibt noch der Raucher. Dieser wartet im Notfalle gleich gar mit geschichtlichen Beispielen auf und verweist insbesondere auf einen gewissen Herrn, der angeblich als einziges Laster nur das Teppichbeißen betrieb. »Soweit kann's kommen, wenn oana ganz ohne Schwächen is«, sagt dazu der überzeugte Inhalierer. Freilich gibt es noch eine weitere weit verbreitete »Sucht«. Da gehen aber die Meinungen weit auseinander, ob sie schädlich ist oder nicht. Werden die Betreffenden dann auf die diesbezügliche Passion hin angesprochen, so gestehen sie meistens augenblinzelnd: »Ja, ja, des vasteht's ihr net. 's Ess'n und 's Dringa san hoid de drei schenst'n Dinga.«

Daß aber ein normaler Sterblicher ganz ohne Fehl und Tadel sein soll, das glaubt nicht einmal, wie man so sagt, »der stärkste Packträger«. Und von diesen sogenannten Mustermenschen gibt es eine kleine bezeichnende Anekdote. Da frägt der Arzt so ein Prachtexemplar, wie es denn mit dem Rauchen stehe. Worauf der Patient erwidert, er hätte noch nie geschmaucht. Und mit dem Trinken? Antwort: »Antialkoholiker seit Geburt.« Nun frägt der Weißkittel diesen Sonderling, ob er auch bezüglich des zarten Geschlechts ein Abstinenzler sei. Der Tugendbold beteuert heftig seine absolute Unschuld. Kopfschüttelnd meint der Medizinmann abschließend: »Aber irgendein Hobby müssen Sie doch haben.« »Na ja«, sagt darauf der sonderbare Heilige, »Lügen dua i hoid a bißerl.«

Weißwurst, Leberkäs und anderes aus der altbairischen Wurstküche

Sie gehören zur bayerischen Brotzeit wie die Brez'n, der Radi und das Bier. Und außerhalb der weißblauen Grenzpfähle verlieren sie auch ganz bestimmt ihren Charakter. Vor allem der Leberkäs schmeckt halt doch am besten, wenn er frisch heiß, dampfend und saftig aus dem Backrohr kommt, mit einer knackig-röschen braunen Kruste, und wenn dann der Metzger ein ordentliches Trumm heruntersäbelt, das man mit einem Maurerloabi, einem Semmelweckerl aus Sauerteig, verspeist und mit einer Halben Hellen hinunterspült. Jeder Metzger in München und in Ober- und Niederbayern, der etwas auf sich hält, hat sein Taferl vor dem Fenster hängen: »Ab 10 Uhr (oder ab 5 Uhr) warmen Leberkäs.« Ja, er ist schon ein echtes Schmankerl, ein »Fleißbillettl für den Gaumen«, wie es Sigi Sommer einmal definiert hat –, hergestellt aus Stierbrat, Schweinefleisch und Speck, mit Salz und Pfeffer, Muskatblüte, Majoran und Zwiebel gewürzt – nur eines gehört nach echter Tradition nicht hinein: die Leber. Der Name hat damit nämlich gar nichts zu tun. Wahrscheinlich erklärt er sich so, daß der Leberkäs geformt ist wie die großen bäuerlichen Käs-Laibe, der Romadur oder der Limburger etwa. Im Laufe der Jahrhunderte – denn der Leberkäs ist schon in Urkunden des 16. Jahrhunderts bezeugt – ist halt ein »Leberkäs« daraus geworden. Dieses Mißverständnis hat übrigens schon zu erbitterten gerichtlichen Prozessen geführt. Aber die Münchner Metzger, gegen die sich die Klage richtete, haben schließlich recht behalten: Der Leberkäs – bleibt auch ohne Leber ein Schmankerl, bei dem einem das Wasser im Munde zusammenläuft!

Der Leberkäs ist, wie gesagt, in ganz Ober- und Niederbayern zu Haus. Ein echtes Münchner Kindl dagegen ist die Weißwurst. Ihr Vater ist sogar bekannt und als Sepp Moser, Gastwirt zum

»Ewigen Licht«, in die kulinarische Historie eingegangen. Schuld an ihrer Geburt war wohl der Fasching und eine daraus entstandene Schlamperei. Denn als der Moser Sepp am Faschingssonntag des Jahres 1857 seine Bratwurstmasse abfüllen wollte, mußte er feststellen, daß die dafür gelieferten Därme viel zu dick waren. Was tun? Er füllte die Därme einfach mit der doppelten Wurstmasse, und weil die Würste jetzt zu dick zum Braten waren, sott er sie. Er ließ seine Stammgäste davon kosten, und als er dann noch ein paar Verbesserungsvorschläge berücksichtigt hatte, war die Weißwurst geboren. So wird sie heute präsentiert:

Münchner Weißwürste
(für ca. 20 Personen)

5 kg zu Brat verarbeitetes Kalbfleisch, 250 g fein zerkleinerter Schweinespeck, 1 kg kleingehacktes, gekochtes Kalbfleisch, 2–3 Zwiebeln, kleingewiegte Schale von 1–2 Zitronen, Salz und feingemahlener Pfeffer nach Geschmack, feingehackte Petersilie

Alle Zutaten werden sorgfältig miteinander verrührt (was eigentlich nur der Metzger kann), in die vorbereiteten Darmsaitlinge abgefüllt und abgebunden. Bevor man sie zu Tisch bringt, werden sie rund 20 Minuten in heißes Wasser gelegt. In einer Schüssel im heißen Wasser schwimmend werden sie auch serviert.

...dazu gehört der *Münchner Weißwurstsenf*, der süß und grobkörnig ist (und an den sich der Nichtmünchner erst gewöhnen muß), und dazu gehören rösche Brezeln.

Originalrezept aus dem Jahre 1870 für Blut- und Leberwürste.

Blutwürste

Wenn das Schwein gestochen wird, fängt man das Blut unter beständigem Rühren auf und stellt es zugedeckt an einen kühlen Ort. Die Därme werden mit Wasser und Salz gut gewaschen und wenn sie völlig gereinigt sind, so kann man Gebrauch davon machen. Zuerst nimmt man vom Schweine das gekochte Bauchfleisch und schneidet es in Würfel. Dann hackt man Lunge, Herz und Nieren recht fein und bringt es, nebst dem durch einen Durchschlag gegossenem Blut, zu dem in Würfel geschnittenen Fleisch. Hierauf vermischt man das Ganze mit dem gehörigen Salz, fein geriebenem Majoran, englischem Gewürz, Nelken, Pfeffer und Thymian. Nun werden die Därme an dem einen Ende mit kleinen Hölzchen zugemacht und die Masse in die größeren Därme gefüllt, wozu man auch den Magen nehmen kann; doch füllt man sie nicht ganz voll, damit sie beim Kochen nicht zerplatzen, und steckt sie dann auch am anderen Ende mit einem Hölzchen zu. Alsdann läßt man die Würste in der, im Kessel zurückgebliebenen Fleischbrühe ganz langsam kochen. Nun sticht man mit einem dünnen Hölzchen in die Würste, und wenn beim Einstechen kein Blut mehr heraustritt, so sind sie fertig. Dann werden sie herausgenommen, in kaltem Wasser abgewaschen und nicht zu dicht aneinander auf eine Bank auf Stroh, die größten aber davon zwischen zwei Bretter gelegt und etliche Stunden gelinde gepreßt.

Leberwürste

Es werden mehrere Pfund Fett von gekochtem Bauchfleisch in Würfel geschnitten. Dann hackt man ganz feine, rohe ausgesehnte Leber, sowie gekochte Lunge und etwas Bauchfleisch, thut es, nebst etwas fetter Wurstbrühe, Salz, englischem Gewürz, Majoran und Thymian dazu, rührt alles durcheinander, füllt es in die Schweinsdärme, welche man nachher ein paar Mal zudreht, und kocht sie.

Alt-Münchner Briesmilzwurst

Dieses Schmankerlrezept schrieb die Großmama Randlkofer in den siebziger Jahren des vorigen Jahrhunderts in's Rezeptbuch:

1 Kalbsnetz, 1 Kalbsmilz,
2 Kalbsbries,
1 Pfund Kalbsbrat

Netz warm waschen auf Brett. Milz vorsichtig untergreifen, darf kein Loch bekommen, da sonst Fülle herauskommt. Milz wenden, salzen, pfeffern, Zitronenschale, Petersilie, Zwiebel feinst wiegen, unter das Kalbsbrat mischen. Die gesamte Fülle gut abschmecken.
In Salzwasser, wenig Milch dazu, das Bries überwellen, in die gestürzte Milz füllen, wechselnd Bries (nicht in kleinen Stücken, sondern so groß als möglich) mit Kalbsbrat (geschlagenes) füllen. In Netz wickeln, mit Spagat binden und in gutem Sud Grünzeug, Zwiebeln, etwas Maggi, 2 Stunden kochen. Wickelfaden herunter und in Butter an allen Seiten leicht bräunen. Wenn möglich, nicht gebundene Bratensauce dazugeben und Kartoffelsalat.

Fleisch

Schweinshaxn

2 hintere Schweinshaxn mittlerer Größe, 40 g Fett, 1 Zwiebel, Salz, Pfeffer, etwas Bier

Vergessen Sie nicht, die Haut der Schweinshaxn vom Metzger würfelförmig einschneiden zu lassen. Erst brennt man die Borsten ab, wäscht dann die Haxn und reibt sie gut mit Salz und Pfeffer ein. Nun kommen sie mit einer halbierten Zwiebel, dem Fett und etwas Wasser in die Reine. Unter mehrmaligem Begießen mit Wasser und öfterem Wenden werden sie je nach Größe 2–2½ Stunden gebraten. Ganz zum Schluß legt man sie auf den Rost, bepinselt sie mit Bier, stellt den Herd auf große Hitze (Grillen), läßt die Tür zum Bratofen einen Spaltbreit offen und läßt die Haxn von allen Seiten knusprig werden. Die Schwarte muß krachen beim Hineinbeißen! Zur Schweinshaxn gibt's natürlich Kartoffelknödel und Salate.

Schweinsbraten mit Kümmel, niederbayerisch

1000 g Schweinefleisch (Schlegel oder Halsgrat), 1 EL Kümmel, 1 Zwiebel, Salz, Pfeffer, etwas Fett

Das Schweinefleisch wird gewaschen, mit Salz, Pfeffer und Kümmel gewürzt und in die Reine mit etwas Fett, der geschälten halbierten Zwiebel und gut 1/8 l Wasser gegeben. Falls das Fleisch eine Schwarte hat, schneidet man sie würfelig ein und brät zuerst mit der Schwartenseite unten. Unter öfterem Wenden und Begießen mit Wasser schön braun braten. Ist das Fleisch weich, bestreicht man die Schwarte mit Bier und brät nochmal kurz unter großer Hitze, bis die Schwarte braun und knusprig ist. Zum Schweinebraten gibt es auch in Niederbayern Kartoffelknödel und Salate.

Schweinsbraten mit Knödeln

1000 g Schweinefleisch (Schulter, Schlegel oder Karree), 40 g Fett, 1 Zwiebel, 1 gelbe Rübe, Salz, Pfeffer

Das Schweinefleisch wird gewaschen, mit Salz und Pfeffer eingerieben und im Rohr mit der halbierten Zwiebel, der in Stücke geschnittenen gelben Rübe, dem Fett und etwas Wasser in einer Reine gebraten. Der Braten muß öfters mit etwas Wasser begossen und 2–3mal gewendet werden. Er ist nach etwa 1 1/2 Stunden weich. Hat man ein Stück mit Schwarte, so schneidet man diese nach der halben Bratzeit würfelig ein. Ist das Fleisch weich, legt man es kurz auf den Rost und läßt die Schwarte schön braun und knusprig werden. In Portionsscheiben schneiden und auf einer Platte anrichten.

Dazu gibt es Kartoffel- oder Semmelknödel (s. S. 70) – oder beides, wie es in Bayern noch vielfach üblich ist – und Salate. Die Bratensauce muß klar bleiben und darf keinesfalls angedickt werden.

Schweinszüngerl im Kraut

2 Schweinszüngerl, 1 Zwiebel,
750 g Sauerkraut,
50 g Schweinefett,
4–5 Wacholderbeeren,
2 Lorbeerblätter, 4–5 Pfefferkörner,
½ l Wasser

Die Schweinszüngerl werden gewaschen und im Sauerkraut mit allen Zutaten zum Kochen zugesetzt. Wenn sie weich sind, nach 1 Stunde etwa, zieht man die Haut ab, schneidet sie in Scheiben, richtet sie auf einer Platte auf dem Sauerkraut an und gibt Kartoffelpüree dazu.

Schweinernes im Kraut

750 g Wammerl oder Halsgrat
oder ein Haxl, 1 Zwiebel, Salz,
Pfeffer, 750 g Sauerkraut,
50 g Schweinefett, Wacholderbeeren,
2 Lorbeerblätter

Sauerkraut in einen Topf geben, mit etwas Wasser auffüllen, so daß es nicht ganz bedeckt ist. Halbierte Zwiebel, Gewürze und Fett dazugeben, das gewaschene, gewürzte Fleisch darauflegen, ungefähr eine Stunde kochen, bis es weich ist.

Spanferkel

1000–1500 g Spanferkel, 50 g Fett,
Salz, Pfeffer, ¼ l Bier

Das Spanferkel wird gut gewaschen und mit Salz und Pfeffer eingerieben. Gebraten wird es am besten auf dem Rost über der Auffangschale, in die man etwas Wasser gibt, zuerst mit der Schwarte nach unten. Man dreht es nach ½ Stunde um und brät es gut ½ weitere Stunde. Die Schwarte muß man öfters mit Butter und Bier bepinseln und mit Wasser begießen, sie wird dann herrlich braun und knusprig. Zum Spanferkelbraten – Schpofackl, wie man in Oberbayern sagt –, gibt's Kartoffelknödel und Weißkrautsalat mit Speck. Die Sauce darf keinesfalls angedickt werden.

Gesulztes Spanferkel altes bairisches Rezept aus dem Jahre 1870

Man nimmt ein reingeputztes, gut ausgewässertes Spanferkel, zertheilt es in 4 Theile, thut es in einen Tiegel, setzt es auf das Feuer mit einer Maß Wasser*, einer halben Maß Weinessig und ebensoviel Wein. Wenn das Ferkel ungefähr 3 Pfund schwer ist, so darf der Sud weniger sein. Man gibt etliche Zwiebel mit Gewürznelken besteckt, einige Lorbeerblätter, etwas Thymian und Pfeffer, auch das nöthige Salz dazu, und läßt in diesem Sude das Spanferkel weichkochen. Hernach nimmt man es heraus, zerschneidet es in kleine Stückchen, legt diese in eine passende Casserolle oder in eine Sulzform, seihet den Sud durch ein Tuch und läßt denselben bis zu einer Maß einkochen. Ist er nicht hell, so kann man ihn mit Eiweiß hell machen. Den Sud gießt man hierauf an das Spanferkel, läßt es gut sulzen, stürzt es aus der Form auf eine Schüssel und gibt es zur Tafel.

* 1 Maß = 1 Liter.

Kalbshaxe, gebraten

1 Kalbshaxe, 100 g Butter, Salz, Pfeffer, 1 gelbe Rübe, 1 Zwiebel

Die Kalbshaxe waschen, häuten mit Salz und Pfeffer einreiben und im Rohr bei guter Hitze braten. Des öfteren wenden, mit Wasser übergießen und mit Butter bepinseln. Die halbierte Zwiebel und die in Scheiben geschnittene gelbe Rübe mit etwas Wasser oder Brühe und 50 g Butter in die Reine geben, damit man eine schöne Sauce bekommt. Für eine große Kalbshaxe rechnet man ca. 2½ Stunden Bratzeit. Ist die Haxe fertig, legt man sie noch kurz auf den Grill oder auf den Rost, damit sie schön knusprig und braun wird. Die Sauce durch ein Haarsieb streichen und abschmecken. Die Haxe mit Semmelknödeln oder Kartoffelsalat und verschiedenen anderen Salaten servieren.

Kalbshaxe, sauer

1 mittelgroße Kalbshaxe, 1 Zwiebel, 1 Stange Lauch, 2 gelbe Rüben, 1 Stück Sellerie, 2 Nelken, 2 Lorbeerblätter, 2–3 Wacholderbeeren, Pfefferkörner, Salz, 1/8 l Weinessig, ca. 2 l Wasser

Die Kalbshaxe häuten, in den kochenden Sud geben, zwei- bis dreimal abschäumen, das kleingeschnittene Suppengrün und die Gewürze dazugeben und weichkochen lassen. Fleisch in Scheiben schneiden, das Gemüse und etwas Brühe darübergeben und mit Salzkartoffeln auf den Tisch bringen.

Gebackene Kälberfüße

4 Kälberfüße, 2 Eier, Salz, Pfeffer, Semmelbrösel, Backfett

Die Kälberfüße werden geputzt, gewaschen, in Salzwasser weichgekocht und ausgelöst. Wenn sie erkaltet sind, schneidet man sie in Stücke, würzt sie gut mit Salz und Pfeffer, wendet sie in Ei und Semmelbröseln und bäckt sie in heißem Fett schön goldbraun. Dazu schmecken Salate!

Gefüllte Kalbsbrust

1000–1500 g Kalbsbrust, 1 gelbe Rübe, 80 g Fett, Salz, Pfeffer, 1 Zwiebel, 100 g Butter –
Für die Fülle:
2 Eier, Salz, Pfeffer, Muskatnuß 2–3 altbackene Semmeln, Petersilie, 1/2 kleingehackte Zwiebel, etwas feingehackte Zitronenschale, etwas Milch zum Einweichen

Man läßt sich vom Metzger die Kalbsbrust vorbereiten, also ausbeinen und die Innenhaut ablösen, damit eine Tasche entsteht. Die Kalbsbrust wird innen und außen gewaschen, gesalzen und gepfeffert. Die Semmeln werden in Milch eingeweicht und dann fest ausgedrückt. In einer Schüssel vermengt man sie mit den Eiern, den Gewürzen, Zwiebel, Petersilie, Zitronenschale und der zerlassenen Butter. Nun gibt man die Fülle vorsichtig in die Fleischtasche und näht diese mit einem festen Zwirn zu. Dann schmort man in der Reine die in Scheiben geschnittene gelbe Rübe und Zwiebel an, legt die Kalbsbrust darauf und läßt sie im Rohr ca. 1 1/2 Stunden schön braun braten. Während des Bratens öfter mit etwas Wasser oder Brühe oder dem eigenen Saft begießen! Die

Sauce wird durchpassiert und abgeschmeckt.
Zur gefüllten Kalbsbrust reicht man Kartoffel- und verschiedene andere Salate.

Kalbsnierenbraten

1000 g Nierenbraten, 1 Zwiebel, ½ Tasse saurer Rahm nach Belieben, Brühe zum Aufgießen, 60 g Fett, 1 gelbe Rübe, Salz, weißer Pfeffer

Den Nierenbraten beim Metzger fertig vorbereitet kaufen. Waschen und mit Salz und weißem Pfeffer einreiben. Dann in der Reine mit dem Fett, der in Scheiben geschnittenen Zwiebel und den ebenfalls in Scheiben geschnittenen gelben Rüben von allen Seiten anbraten, bis er Farbe angenommen hat. Nun gießt man etwas Brühe daran und läßt ihn im Rohr unter öfterem Begießen mit Brühe ca. 1½ Stunden braten, bis er weich ist. Die Sauce durch ein Sieb passieren, evtl. sauren Rahm darunterziehen und abschmecken.
Zum Kalbsnierenbraten schmeckt am besten Kartoffelsalat und grüner Salat.

Hackbraten

750 g Hackfleisch (Rind, Schwein und Kalb gemischt), etwas Brühe, 1 Semmel, 2 Eier, 1 Zwiebel, Salz, Pfeffer, 50 g Fett, Petersilie, 1 EL Tomatenmark

Zuerst die Semmel in kaltem Wasser einweichen, ausdrücken und in einer Schüssel mit dem Hackfleisch, der kleingehackten Zwiebel, den Eiern und der feingehackten Petersilie gut durchmischen und würzen. Aus dem Fleischteig formt man einen Wekken und legt ihn in die Bratreine mit zerlassener Butter und dem Tomatenmark. Eine Tasse Brühe darangießen und ca. 1 Stunde im Rohr backen, bis er eine braune Kruste hat. Falls die Sauce zu sehr einbraten sollte, nochmals Flüssigkeit nachgießen. Man kann den Hackbraten auch in Semmelbröseln wenden, bevor man ihn ins Rohr gibt. Nach Belieben die Sauce mit saurem Rahm verfeinern.
Zum Hackbraten schmecken Gemüse ebenso gut wie Salate.

Fleischpflanzl

600–750 g Hackfleisch (Schwein, Rind und Kalb gemischt), 1–2 altbackene Semmeln, 2 Eier, 1 Zwiebel, Salz, Pfeffer, Bratfett, Petersilie

Mit Pflanzen haben die Fleischpflanzerl, nördlich der Donau als Bouletten bekannt, nichts zu tun. Tatsächlich hießen sie früher Fleisch*pfanzerl*, und der Urahn dieses Wortes ist der Pfannzelten, ein runder, in der Pfanne gebakkener Fladen oder Eierkuchen. Daß schließlich aus dem Fleisch-Pfannzelten ein Fleischpflanzerl wurde, soll uns nicht stören. Wir haben's ja beim Leberkäs gesehen, wohin die g'schlamperte Aussprache führen kann, wenn einmal die ursprüngliche Bedeutung eines Wortes vergessen ist.
Wir bereiten aus Fleisch und den Zutaten denselben Teig wie zum Hackbraten. Dann formt man die Pflanzerl rund und drückt sie flach, etwa daumendick, und brät sie in einer Stielpfanne auf beiden Seiten schön braun, langsam und bei nicht zu hoher Hitze, damit sie innen auch gar sind und außen nicht schwarz werden. Man ißt Kartoffelsalat oder grünen Salat dazu.

Kalbskopf gebacken

½ Kalbskopf, 2 Eier, Mehl, Semmelbrösel, Backfett, Salz, Pfeffer

Der Kalbskopf wird gut gewaschen und in Salzwasser weich gekocht. Das Hirn nimmt man vorher heraus und verwendet es zu einer Suppe (siehe Seite 24). Noch warm wird das Kopffleisch herausgelöst und mit Pfeffer und Salz gewürzt. Die ausgekühlten Fleischteile paniert man in Mehl, Ei und Semmelbröseln und bäckt sie in heißem Fett auf beiden Seiten schön braun. Mit verschiedenen Salaten nach Jahreszeit auftragen.

Blut- und Leberwürste

4 mittelgroße Blut- und 4 Leberwürste – im allgemeinen sind sie nur an Schlachttagen zu haben – entweder ca. 20 Minuten in heißem, nicht kochendem Wasser ziehen lassen oder in 40 g Fett auf beiden Seiten anbräunen (langsam, damit sie nicht platzen). Sie schmecken herrlich mit Sauerkraut und Kartoffelpüree oder Salzkartoffeln.

Blutwurstgröstl

750 g gekochte Kartoffeln,
3 Blutwürste,
100 g Schweineschmalz, 1 Zwiebel,
1 TL Majoran, Salz, Pfeffer,
Kümmel

Zunächst wird in einer Pfanne die kleingehackte Zwiebel in Fett angedünstet. Dann kommen die in Scheiben geschnittenen Kartoffeln, Salz, Pfeffer, Majoran und etwas Kümmel dazu. Knusprig braten! Jetzt erst wird die Blutwurstfülle daruntergemischt und alles noch einmal kurz durchgebraten.

Suppen- oder Beinfleisch

750–1000 g Suppenfleisch
(Zwerchrippe, Hochrippe,
Brustkern o. ä.), 1 gelbe Rübe,
1 Stück Sellerie, 1 Stück Lauch,
Salz, Schnittlauch

Das Fleisch mit Grünzeug und Salz in heißem Wasser zusetzen und 1½–2 Stunden kochen, bis es weich ist. Das Suppenfleisch in Scheiben schneiden, auf eine vorgewärmte Platte legen, mit kleingeschnittenem Schnittlauch bestreuen und etwas Brühe darübergießen.
In München ißt man gern Meerrettichgemüse oder warmen Kartoffelsalat dazu.

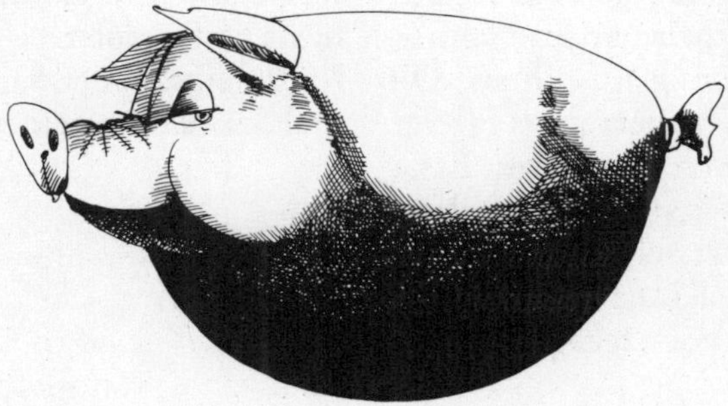

Saures Züngerl

750–1000 g Kalbslunge, 50 g Fett – Zur Einbrenne: *2–3 EL Mehl, 1 TL Zucker, Salz, Pfeffer* – Zur Beize: *1 Zwiebel, 2 Nelken, 2 Lorbeerblätter, Salz, 4 Wacholderbeeren, 1 Tasse Essig*

Die Lunge waschen, in einem großen Topf in Salzwasser ca. 1 Stunde kochen lassen und auf ein Sieb zum Auskühlen legen. Dann schneidet man sie in kleine Streifen, gibt sie in eine Schüssel, bedeckt sie mit dem Sud oder Wasser und gibt die Beizzutaten daran. Darin bleibt sie 1–2 Tage zugedeckt liegen.

Jetzt wird das Mehl im Topf braun geröstet, der Zucker karamelisiert und mit dem durchgesiebten Sud unter ständigem Umrühren aufgegossen, bis alles sämig ist. Mit einem Schneebesen schön glatt rühren. Die Sauce mit Zucker, etwas Pfeffer, nach Bedarf Salz oder Essig, abschmecken und das Fett dazugeben. Jetzt erst kommt die Lunge wieder dazu, und man kocht alles noch mal 20 Minuten auf.

Zum sauren Züngerl gibt's Semmelknödel. Alles zusammen in einer Schüssel anrichten!

Kalbsnieren sauer

750–1000 g Kalbsnieren, 80 g Butter, 1 EL Mehl, 1 Zwiebel, Petersilie, ½ Glas Weißwein, Salz, Pfeffer, Zitronensaft, etwas Fleischbrühe, ca. 1 EL Essig

Die Nieren werden sauber gewaschen, das Fett entfernt und in dünne Blättchen geschnitten. In einer Pfanne oder einem Topf läßt man das Fett heiß werden, gibt die Nieren und die kleingeschnittene Zwiebel hinein, läßt sie kurz anbraten, stäubt Mehl daran, wendet sie und löscht mit etwas Brühe und Wein ab. Den Essig, Petersilie und Zitronensaft dazugeben und unter Umrühren kurz weiterkochen lassen. Mit Salz und Pfeffer würzen und sofort auftragen, damit die Nieren nicht hart werden.

Kartoffelbrei oder Salzkartoffeln und Salate dazu reichen!

Euter, gebacken

– schmeckt besser als es klingt! –

500–600 g Euter, 1 Ei, Mehl, Semmelbrösel, Salz, Pfeffer, Backfett

Das Euter beim Metzger schon gekocht kaufen, in dünne Scheiben schneiden, mit Mehl, Ei und Semmelbrösel panieren, im heißen Fett auf beiden Seiten goldbraun backen und würzen.
Dazu ißt man Kartoffelsalat und verschiedene andere Salate.

Rinderzunge, paniert

1 Rinderzunge, 1 Ei, Semmelbrösel, Backfett –
Zum Sud:
Salz, Pfeffer, 1 Zwiebel,
1 gelbe Rübe, 1 Stück Sellerie,
1 Lorbeerblatt

Die Rinderzunge wird gut gewaschen und mit den Gewürzen und dem Wurzelwerk weichgekocht. Nachdem sie ausgekühlt ist, zieht man die Haut ab, schneidet sie in Portionsscheiben, würzt sie und paniert sie in Ei und Semmelbröseln. In heißem Fett bäckt man die Stücke schön goldbraun auf beiden Seiten und serviert Kartoffeln und grünen Salat dazu.

Kronfleisch

750–1000 g Kronfleisch – so wird das Zwerchfellfleisch vom Rind oder Schwein bezeichnet –,
1–1¼ l Wasser, 1 gelbe Rübe,
1 Zwiebel, 1 Stück Lauch (Porree),
1 Stück Sellerie, Salz, Pfeffer,
feingehackter Schnittlauch,
geriebener Meerrettich

Das Kronfleisch wird kurz gewaschen und in gesalzenem Wasser mit dem Grünzeug ca. 20 Minuten leicht gekocht. Die Krone muß in der Mitte rosa sein. Sie wird in Scheiben geschnitten, mit etwas heißer, gut gewürzter Brühe und mit Schnittlauch vom Holzteller gegessen. Dazu gehört unbedingt scharfer, frisch geriebener Meerrettich, der einem das Wasser in die Augen treibt, außerdem eine dicke Scheibe Holzofenbrot oder Brezen.

Münchner Schlachtschüssel

750–1000 g Sauerkraut,
ca. 350 g Schweinefleisch,
ca. 350 g geräuchertes Wammerl (Bauchfleisch), je 1 Leber- und Blutwurst pro Person,
evtl. ein Schweinszüngerl,
1 Zwiebel, Salz, Pfeffer, Wacholderbeeren, Lorbeerblätter,
50 g Schweinefett

Das Sauerkraut wird in einen Topf gegeben und mit etwas Wasser aufgefüllt, so daß es nicht ganz bedeckt ist. Dann kommen die halbierte Zwiebel, Wacholderbeeren, Lorbeerblätter und das Fett dazu. Das gewaschene, gewürzte Fleisch legt man aufs Kraut und läßt es ungefähr eine gute Stunde kochen, bis es weich ist.

Die Würste legt man extra 20–30 Minuten in heißes Wasser (nicht kochen). Dann richtet man auf einer großen Platte oder einer flachen Schüssel auf dem Kraut das Fleisch, in Scheiben geschnitten, und die Würste an und reicht Kartoffelpüree, Semmel- oder Leberknödel dazu.

Geprelltes Bries

2–3 Kalbsbriese (in nördlicheren Gegenden auch Kalbsmilch genannt), ½ l kräftige Fleischbrühe, Salz, Pfeffer, 1 Tasse Essig

Die Kalbsbrieschen kocht man in Essigwasser ca. 10–20 Minuten. Dann häutet man sie und legt sie in die heiße Fleischbrühe. Weitere 10 Minuten ziehen lassen. Das Bries wird, gut gesalzen und gepfeffert, vom Holzteller gegessen.

Herzerl sauer

1–2 Kalbsherzerl, 1–1½ l Wasser,
1 Tasse Essig, Salz, Pfeffer,
1 Lorbeerblatt, 1 Zwiebel,
4 Wacholderbeeren,
4 Pfefferkörner

Das Herz wird gewaschen und sorgfältig von Blutgerinnseln befreit. 1 l Wasser bringt man mit dem Essig und den Gewürzen zum Sieden, gibt das Herz hinein und läßt es je nach Größe ca. 20 Minuten leicht kochen. Man serviert es auf einem Holzteller, würzt es gut mit Salz und Pfeffer und ißt dazu Schwarzbrot.

Leber sauer

500 g Kalbs- oder Schweinsleber,
40 g Fett, 1 Zwiebel,
2–3 EL Essig, 1 EL Mehl, Salz,
etwas Zitronensaft

Die gewaschene Leber wird in kleine Scheibchen geschnitten. Kleingehackte Zwiebel röstet man mit der Leber in Fett gut an, staubt das Mehl daran und gießt mit warmem Wasser auf. Nun gibt man Essig, etwas Zitronensaft und Pfeffer dazu und läßt leicht durchkochen. Erst kurz bevor die Leber auf den Tisch kommt, wird sie gesalzen, da sie sonst hart wird. Dazu gibt's Kartoffelpüree oder Salzkartoffeln und Salate.

Knöcherl- oder Tellersülz, niederbayerisch

4 Schweinsfüße, 1 Kalbsfuß,
500–750 g Schweinefleisch,
1/8 l Essig, 1 Glas Weißwein,
1 Eiweiß, 2 Zwiebeln,
1 gelbe Rübe, 1 Stück Sellerie,
2 Lorbeerblätter, 2 Nelken,
6 Pfefferkörner, Salz,
ein Stück ungespritzte Zitronenschale

Die Schweinsfüße und den Kalbsfuß läßt man sich vom Metzger in ca. 5 cm große Stücke hacken. Man wäscht sie und setzt sie mit dem Fleisch in ca. 2½ l Wasser auf, schäumt nach dem Kochen zwei- bis dreimal ab, gibt dann das gewaschene Grünzeug, Gewürze, Essig, Wein und Salz dazu und läßt alles 1½ Stunden kochen. Die Schweinsknöcherl verteilt man auf Schälchen. Das Fleisch kann man auch von den Knöcherln ablösen und in Stücke schneiden. – Das wäre die Knöcherlsülz.

Die Tellersülz erhält man, wenn man das Fleisch (ohne Knöcherl) in Portionsstücke auf tiefe Teller verteilt, mit hartgekochtem Ei und süßsaurer Gurke garniert.

Die gut auf die Hälfte eingekochte Brühe gießt man nun durch ein Sieb, läßt sie erkalten und fettet sie ab. Dann bringt man sie noch einmal zum Kochen, gibt das zu Schnee geschlagene Eiweiß darunter, schmeckt sie ab, gießt die Brühe über Knöcherl und Fleisch und stellt sie kalt.

Zur Knöcherl- und zur Tellersülze schmecken am besten geröstete Kartoffeln, schön braun und knusprig, oder kräftiges Bauernbrot.

Ochsenschwanz-Ragout

1 kg Ochsenschwanz,
3 Zwiebeln von je ca. 80 g,
Butter oder Schweineschmalz,
1 gelbe Rübe, 1 Stück Sellerie,
2 Lorbeerblätter, Pfefferkörner,
Wacholderbeeren, etwas Rotwein,
saure Sahne, Salz, Pfeffer,
2 gehäufte EL Mehl,
1 Prise Zucker,
Fleischbrühe zum Aufgießen

Den Ochsenschwanz läßt man sich vom Metzger in nicht zu große Stücke, bzw. Scheiben teilen, würzt ihn kräftig und brät ihn mit dem kleingeschnittenen Gemüse in Fett kräftig an. Mit Fleischbrühe aufgießen und weichschmoren lassen. Sobald das Fleisch gar ist, die Sauce durch

ein Sieb passieren, mit Mehl andicken, mit Rotwein und Zucker abschmecken und mit Sahne verfeinern.
In einer vorgewärmten Schüssel anrichten und mit Salzkartoffeln oder Semmelknödeln servieren.

Boeuf à la mode

750–1000 g Rindfleisch (Rose),
50 g Speck, Salz, Pfeffer,
1 EL Zucker, 40 g Fett,
2 EL Mehl, 1 Glas Rotwein –
Zur Beize:
1 Tasse Weinessig, 3/4 l Wasser,
1 gelbe Rübe, 1 Zwiebel,
1 Stück ungespritzte Zitronenschale,
2 Nelken, 2 Lorbeerblätter,
5–6 Pfefferkörner

Das gewaschene Fleisch wird mit Speckstreifen, die man in Salz und Pfeffer wendet, gespickt und in einen Steintopf gelegt. Wasser, Essig, die feingeschnittene Zwiebel und die in Scheiben geschnittene gelbe Rübe kocht man mit den Gewürzen auf und bedeckt das Fleisch mit dem lauwarmen Sud. In dieser Beize läßt man das Fleisch zugedeckt 2–3 Tage stehen, zwischendurch wird es mehrmals gewendet. Dann nimmt man es heraus, salzt es und kocht es in der Beize ca. 2 Stunden, bis es weich ist. Nun röstet man Mehl und Zucker in Fett dunkelbraun, gießt mit dem durchgeseihten Fleischsud unter ständigem Rühren auf, bis es schön sämig ist, läßt nochmals gut durchkochen und schmeckt die Sauce mit einem Glas Rotwein ab. Das Fleisch vor dem Servieren in Scheiben schneiden und die Sauce darübergießen.
Das Bœuf à la mode (oder Befflamott), wie man's in manchen Wirtschaften auf der Speisekarte lesen kann) kommt mit Semmelknödeln, Teigspitzen oder Makkaroni und mit Salaten auf den Tisch.

Haschee

Kalbs- oder Rindfleischreste (Braten etc.), 1 Zwiebel, 1 Lorbeerblatt, etwas Zitronensaft und ungespritzte Zitronenschale, 1–1½ EL Mehl, ¼ l Brühe, 40 g Fett, Salz, Pfeffer, etwas saurer Rahm

In heißem Fett röstet man das Mehl hellbraun, gießt mit Brühe auf und gibt Zwiebel, Lorbeerblatt und Zitronenschale dazu. Etwas kochen lassen und zum Schluß das feingehackte oder durch den Wolf gedrehte Kalb- oder Rindfleisch, etwas Salz, Pfeffer und Zitronensaft dazu. Nochmals alles kurz kochen lassen, vor dem Servieren den sauren Rahm darunterziehen, Zwiebel, Lorbeerblatt und Zitronenschale entfernen. Dazu Salzkartoffeln.

Das Auskochgeschäft

von Siegfried Sommer

Warum es eigentlich gerade so hieß, weiß niemand mehr recht. Aber jeder kennt ihn noch, den kleinen Laden in der stillen Nebenstraße mit der billigen Ladenmiete und den billigen Preisen. Er war schon immer das »Hilton« des kleinen Mannes. Eingeklemmt zwischen zwei engbrüstige Mietskasernen, auf deren vergrämten Mörtel-Fassaden ständig Montag zu lesen war, duftete es leise, aber bestimmt vor sich hin. Am Wochenanfang nach Haschee. Dienstag und Mittwoch kam der säuerliche und keineswegs unangenehme Duft von Lunge mit Knödel, der kräftige Ruch von Rindfleisch mit Wirsing oder der aufgeschmalzene Zwiebel-Föhn von Milzwurst in der Brotsuppe durch die runde Ventilator-Öffnung. Donnerstag war der Tag der Makkaroni und Spaghetti mit Schinken. Auch die Schlachtschüssel stand dann auf dem Magen-Fahrplan mit handfesten Blutwürsten und einer dampfenden Schweinefleisch-Schnitte auf dem rauchenden Sauerkraut-Vesuv. Der Freitag wurde auch im Auskoch-Geschäft entsprechend begangen. Hefenudeln mit Kakao, die Portion zu sechzig Pfennig, das knusprige Goldbarschfilet sowie Kaiserschmarrn mit Apfelkompott waren da die angemessenen Lekkerbissen. Und am Samstag, der früher noch vielfach der Zahltag der Arbeitsmänner war, da gab es dann das ausschweifendste Menü der ganzen Woche. Etwa Hasenragout mit Nudeln, oder Gulasch mit Reis und als Nachtisch vielleicht gar noch einen Blaubeerkuchen und Zwetschgenkompott. Am siebenten Tage aber sollst du ruhen, das galt auch für die brave Katharina Wenig, der dieses Etablissement gehörte. Und darum warteten die Stammgäste auch gar nicht erst, daß das Auskochgeschäft an diesem Tage seine graugestrichenen Wellblech-Lider öffnen würde.

Denn sie wußten es ja: Sonntags nie.

Die winzige Gaststätte war, baulich gesehen, meistens ein »Schlauch«. Bei mehreren Gästen hieß es sogar: »der Schnellzug nach Darmstadt«. Denn die Tische waren von der allerkleinsten Sorte, und an den Wänden entlang lief eine Polsterbank dritter Klasse. Unten herum war der Pfannkuchen-Salon fast immer mit braungebeiztem Fichtenholz verkleidet. Oben jedoch trug er ein schlichtes weißes Kalkhemd. In der Ecke hing fast immer ein Kreuz, unter dem eine kleine Vase mit sanften Palmkätzchen stand, welche die Füße des Herrn zaghaft streichelten. Von dem alten Regulator über dem Essensschalter tropfte die Zeit still und friedlich in einen festgenagelten Blechteller, in den die einzige Bedienung Rosa ihre Bons und Bierzeichen legte. Rechts davon die erblindete Registrierkasse träumte noch von den Tagen, in denen sie als nagelneue Attraktion im Bahnhofshotel stand. Und nur nach vielen Geheimgriffen aufging. Heute war sie längst Tag und Nacht geöffnet. Und in ihren Fächern befanden sich keine blitzenden Goldstücke mehr, sondern zwei, drei rote Gummiringe, ein Knopf von der Sonntagsbluse der Rosa und ein glanzloser Schilling, den ein schurkischer Gast einmal als falsches Markstück untergebracht hatte.

Wenn die Inhaberin, die gleichzeitig auch das Amt der Köchin ausübte, ihren weißgewickelten wuchtigen Oberkörper durch die Ausgabe zwängte, so sah das dann aus wie ein Walkürenbild mit viel zu kleinem Rahmen. Kontrollierend huschten ihre Blicke über die Anwesenden, nach dem bekannten Motto: »Sie zählt die Häupter ihrer Lieben und siehe da, statt sechs warn's sieben.«

Die Kalkulation war nämlich so knapp, daß die Witwe Wenig bei jedem Menü sowieso draufzahlen mußte. Da konnte nur ein strenggeregelter Umsatz das Allerschlimmste vermeiden. Etwaige Erkrankungen oder Umdisponierungen mußten deshalb von dem Kostgänger rechtzeitig mitgeteilt werden. Und übrigens wog der schwarze Kater Sullivan, der als Gesundheitspolizei für die Vertilgung aller Überbleibsel sorgte, sowieso schon sechzehn Pfund. Der verdächtig blinzelnde Ausfahrer Seidenzahn hat ihn bereits einmal abgegriffen und genau geschätzt. Und dann sogar noch etwas von einem schönen

Rheumatismusfell gewispert. Der Lump.

Gegessen wurde im »Café Wenig« immer punkt ein Uhr. Da kamen dann die drei älteren Mädchen aus der nahen Kartonagen-Fabrik, zwei Kohlenausfahrer, ferner ein Lesezirkel-Kassier, der Krankenkontrolleur Lieblich, drei Rentner, ein Fluraufseher und die vier Musketiere, wie sich die vergilbten Männchen aus der Registratur der Stadtbibliothek selbst schräg lächelnd nannten. War die Kundschaft dann abmenagiert, setzte sich auch die Rosa an ihren winzigen Tisch und tauchte zwei ältere Krapfen in ihre geblümte Kaffeetasse. Nachmittags schlief meistens alles. Der Kater, die Bedienung und die Katharina Wenig auch ein wenig. Und am frühen Abend schloß die Schmalznudelbar dann ihre selbstgestrichene Tür mit dem verblichenen Spitzenvorhang hinter der matten Scheibe.

Die Wirtin aber trug die Blechkassette, in der sich die magere Tageseinnahme befand, unter der Schürze verborgen in die kleine Wohnung hinauf. Denn schlechte Menschen hat es immer schon gegeben. Eines Tages jedoch kam dann ein ungemein schnell sprechender Herr mit olivenöligem Scheitel. Und heute ist aus dem gemütlichen Malzkaffee-Express längst das Espresso »Alfonso« geworden.

Geflügel und Wild

Kirchweihganserl
(für 6–8 Personen)

1 Gans, Salz, Pfeffer, 2 Zwiebeln, etwas Bier

Die sauber gerupfte, ausgenommene und gewaschene Gans wird außen mit Salz, innen mit Salz und Pfeffer eingerieben. Dann kommt das Ganserl ins Rohr, auf den Rost oder in eine große Reine. Man gibt zwei Schöpflöffel warmes Wasser und die geschälten, halbierten Zwiebeln in die Reine oder in die Auffangschale unter dem Rost. Nun brät man die Gans unter öfterem Begießen und Wenden langsam je nach Größe 2–3 Stunden, bis sie weich ist. Ist die Gans sehr fett, sticht man sie unter den Flügeln mit einer Gabel ein paarmal an. Die Sauce fettet man schon während des Bratens 2–3mal ab. Ganz zum Schluß wird die Gans noch mit etwas Bier übergossen, davon wird die Haut besonders rösch.
Die fertige Gans wird tranchiert, auf einer vorgewärmten Platte angerichtet und mit Kartoffelknödeln, Sellerie- und Rote-Rüben-Salat serviert. Die Sauce reicht man extra.

Bayerische Mastente
(für 4–6 Personen)

1 Ente, Salz, Pfeffer

Die Ente brät man wie eine Gans, nur ohne Zwiebeln und Bier. Wenn sie jung ist, braucht sie höchstens 1¼–1½ Stunden Bratzeit. Beilagen: Kartoffelknödel, Sellerie und Rote Rüben.

Gansjung

Gansjung (also Kopf, Flügel, Hals, Füße, Magen, Herz und Leber), 2 EL Mehl, 100 g Fett, 1/8 l Essig, 1 Zwiebel, 1 kleines Stück ungespritzte Zitronenschale, 2 Nelken, 2 Lorbeerblätter, 4 Pfefferkörner, Salz

Das Gansjung sauber waschen. Den Kopf spalten, den Schnabel abhacken und die Augen entfernen. Vom Magen wird die dicke Haut abgezogen. Hals und Flügel hackt man in zwei Stücke, von den Füßen werden die Zehen abgehackt und die Füße in zwei Teile gespalten. Das Gansjung wird nun in einen Topf gegeben, mit Wasser bedeckt und mit den Gewürzen, Salz, der geschälten, halbierten Zwiebel und einem Glas Essig eine gute Stunde gekocht. Das Mehl röstet man braun an, gießt nach und nach mit dem durchgeseihten Gansjungsud auf, bis die Sauce schön sämig wird, schmeckt sie ab, gibt die Fleischteile wieder dazu und läßt das Gansjung weichkochen. Dazu gehören Semmelknödel.

Gefüllte Täuberl

4 Täubchen, 100 g Butter –
Zur Fülle:
100 g Hühnerleber, 2 Eier, 1–2 Semmeln, 50 g gekochter Schinken, 1/2 Zwiebel, Salz, Pfeffer, Petersilie

Die sauber gerupften, ausgenommenen Täubchen werden gewaschen und mit Salz eingerieben. Dann bereitet man eine Fülle aus 1–2 in Milch eingeweichten, gut ausgedrückten Semmeln, 2 Eiern, gehackter Petersilie, Zwiebel und Schinken, Salz und Pfeffer und den geschabten Hühnerlebern. Man mischt locker durch, füllt die Täubchen mit der Fülle, näht sie zu und gibt sie in eine Reine mit heißer Butter. Unter öfterem Umwenden, Bepinseln mit Butter und Begießen brät man sie ca. 45–60 Minuten. Sie müssen schön goldbraun werden.

Man tranchiert die fertigen Täubchen, indem man sie halbiert, richtet sie auf einer vorgewärmten Platte an und gießt etwas Bratensaft darüber. Der Rest wird aufgegossen und als Sauce serviert.

Petersilienkartoffeln und Salate schmecken gut dazu.

Fasan, gebraten
(für 2 Personen)

1 Fasan, 2 Scheiben Speck, etwas Brühe, 150 g Butter, 1 Glas Sherry, Salz, Pfeffer, Preiselbeeren

Den gut gesäuberten Fasan reiben Sie innen und außen mit Salz und Pfeffer ein, dressieren ihn und binden die Speckscheiben mit einem Faden auf der Brust fest. Nun braten Sie ihn in heißer Butter auf allen Seiten gut an, gießen etwas Brühe daran und braten ihn im Rohr weich. Während des Bratens wenden und begießen Sie ihn ein paarmal, nehmen, kurz bevor er fertig ist, die Speckscheiben ab und lassen ihn auf dem Rücken liegend noch schön braun braten. Der Fasan braucht ungefähr eine Stunde, bis er fertig ist. An die Sauce gießt man ein Glas Sherry und schmeckt sie ab.
Zum Fasan servieren Sie Weinkraut, Salz- oder Schalkartoffeln und Preiselbeeren.

Reh- oder Hirschleber

500 g Reh- oder Hirschleber, 1 Zwiebel, 80 g Speck, 1 Glas Rotwein, 1–2 EL Essig, Salz, Pfeffer

Die Leber wird zunächst eine gute Stunde in Milch gelegt, abgehäutet und in feine Scheibchen geschnitten.
Dann dünstet man die Speckwürfel glasig, gibt die zerkleinerte Zwiebel und dann die Leber dazu. Man röstet alles zusammen gut durch und löscht mit einem Glas Rotwein ab. Erst kurz vor dem Auftragen würzen! Die Wildleber muß man sofort servieren, sie schmeckt am besten mit frischem Weißbrot.

Reh- oder Hasenragout

1000-1500 g Reh- oder Hasenfleisch, 100 g Fett, etwas Zitronensaft, Salz, Pfeffer, 3 EL Mehl, 3/4 l Brühe, 1 Glas Rotwein, 1 EL Johannisbeergelee –
Zur Beize:
1/4 l Rotwein, 1/2 l Wasser, 2–3 Nelken, 2 Lorbeerblätter, Salz, 1/4 l Essig, 1 Zwiebel, 3–4 Wacholderbeeren, 1 kleiner Zweig Rosmarin

Das Fleisch waschen, in Portionsstücke teilen und 3–4 Tage in die Beize aus den oben genannten Zutaten legen. Dann legt man das Fleisch auf ein Sieb zum Abtropfen.

In einem großen Topf erhitzen Sie das Fett, wenden die Fleischstücke in Mehl und braten sie im Fett von beiden Seiten gut an. Nun gießen Sie mit Brühe und etwas Beize auf. Das Fleisch muß ca. 1½ Stunden kochen, bis es weich ist. Die Sauce verfeinert man mit einem Glas Rotwein, Johannisbeergelee und etwas Zitronensaft, nach Bedarf salzen und pfeffern. Dazu gehören in Oberbayern Semmelknödel!

Wildhaschee

Bratenreste, ca. 500 g,
von Hirsch, Reh oder Hasen,
1 EL Mehl, etwas Zitronensaft,
etwas ungespritzte, geriebene
Zitronenschale, 1 Zwiebel,
½ Glas Rotwein, 50 g Butter,
Salz, Pfeffer, Wildknochenreste

Die Bratenreste werden mit einer Zwiebel und wenig Zitronenschale feingewiegt und in Butter angedünstet, mit etwas Mehl angestaubt, gut gewürzt und mit Rotwein und Zitronensaft verfeinert. Mit einer Brühe, die man aus den zerkleinerten Wildknochen gekocht hat, gießt man auf und läßt das Wildhaschee 20–30 Minuten durchkochen.

Dazu schmecken Makkaroni, Spätzle oder auch Kartoffelpüree.

Rehrücken

1500–2000 g Rehrücken,
Salz, Pfeffer, 250 g Butter,
Preiselbeeren, ¼ l saurer Rahm,
evtl. etwas Wein, ½ TL Zucker

Den Rehrücken am besten fertig gespickt kaufen, mit Salz und Pfeffer bestreuen und in Butter bei mittlerer Hitze im Rohr braten. Den Rehrücken während des Bratens immer wieder mit Butter begießen. Nicht zu lange im Ofen lassen, da er sonst zu trocken wird. Ein junger Rehrücken braucht zwischen 40 und 50 Minuten. Vor dem Servieren mit einem Messer vorsichtig an beiden Seiten vom Knochen lösen und in etwa 1 cm dicke Scheiben schneiden. Das Fleisch wieder auf das Gerippe zurücklegen und auf eine vorgewärmte Platte geben. Die Sauce mit Wein und Rahm verfeinern, abschmecken und einen Teil davon über den Rehrücken gießen; den Rest gesondert zum Braten reichen. Als Beilagen gibt es Kartoffelpüree, Apfel-Blaukraut (Rotkohl) und Preiselbeeren. Auch glasierte Maroni schmecken besonders gut dazu. (s. S. 58).

Äpfel-Blaukraut

750 g Blaukraut (Rotkohl),
3 Äpfel, 1 Zwiebel,
30 g Schweineschmalz,
½ Lorbeerblatt, 3 Wacholderbeeren, 2 Pfefferkörner,
1 Nelke, 30 g Zucker,
Essig, 10 g Stärkemehl

Das Blaukraut putzen und in Streifen schneiden, die Zwiebelscheiben im Schweineschmalz glasig dünsten. Knapp ¼ l Wasser dazugeben, zum Kochen bringen und alle weiteren Zutaten bis auf das Stärkemehl zugeben. Das Blaukraut und die geschälten, in Stücke geschnittenen Äpfel hinzufügen und zudecken. Auf kleiner Flamme ca. 60 Minuten köcheln lassen, dabei ab und zu umrühren. Mit dem Stärkemehl binden und abschmecken.

Glasierte Maroni

500 g Maroni (Eßkastanien),
¼ l Wasser, 1 EL Zucker,
40 g Butter oder Margarine,
½ l heiße Fleischbrühe (Instant)

Das Wasser zum Kochen bringen, die Maroni kreuzweise einschneiden, ins Wasser geben und 15 Minuten kochen lassen, bis sich Schale und Haut lösen. Die abgetropften Kastanien schälen. In einem Topf den Zucker in Butter oder Margarine goldgelb rösten. Die Maroni hineingeben und völlig mit der Brühe bedecken. In 15 Minuten garziehen lassen. Sie sind richtig, wenn man sie leicht einstechen kann. Herausnehmen und warm stellen. Die Fleischbrühe stark einkochen, die Maroni wieder hineingeben und braunglänzend braten.

Wildschweinkopf, gesotten

1 Wildschweinkopf, ½ l Weißwein,
1 l Wasser, 1 Tasse Essig, Salz,
3 Lorbeerblätter, Petersilie,
2 Zwiebeln, 3 Knoblauchzehen,
2 gelbe Rüben, 1 Stück Sellerie,
1 Stück Zitronenschale,
4–5 Wacholderbeeren

Aus dem Kopf schneidet man die Zunge heraus und löst die Knochen aus. Vom Rüssel muß die Haut losgemacht, aber nicht weggeschnitten werden. In einem Sud aus Wein, Wasser, Essig und allen anderen Zutaten kocht man den Wildschweinkopf weich. Dann nimmt man ihn aus dem Sud, richtet ihn auf einem großen Brett mit Petersilie und Zitronenscheiben an und serviert ihn.

Wildsaubraten

1000 g Wildsaufleisch (am besten Schlegel), 200 g Butter,
1 Glas Rotwein, Salz, Pfeffer –
Zur Beize:
½ l Wasser, ½ l Essig,
Wacholderbeeren, Pfefferkörner,
2–3 Nelken, Rosmarin

Die Schwarte des Fleisches wird würfelig eingeschnitten, das Fleisch gewaschen und 2–3 Tage in eine Beize aus Wasser, Essig und Gewürzen gelegt.
Dann nimmt man das Fleisch aus der Beize, trocknet es ab, reibt es mit Salz und Pfeffer ein, legt es in die vorgewärmte Reine, übergießt es mit heißer Butter und wendet es. Nun wird es im Rohr unter öfterem Begießen mit eigenem Saft und Fett und etwas Beize weichgebraten. Bratzeit ca. 2 Stunden. Die Sauce schmeckt man mit einem Glas Rotwein ab.
Zum Wildschweinbraten gibt es Kartoffelknödel und Salate oder aber auch Weinkraut.

Wild-Aufbruch
(Vom Reh oder Hirsch)

Leber, Herz, Salz, Pfeffer,
Butter oder Butterschmalz,
2 Zwiebeln,
1 großer säuerlicher Apfel,
ca. 60 g Speck,
1–2 Gläser Rotwein

Die Innereien gut waschen, die Leber häuten, Blutgerinnsel vom Herz entfernen und alles in feine Streifen, bzw. Scheiben schneiden. In einer großen Eisenpfanne den Speck ausbraten, Butter oder Butterschmalz sowie die Zwiebelringe dazugeben und diese glasig werden lassen. Zuerst das Herz und nach fünf Minuten die Leber dazugeben und von allen Seiten gut anbraten. Nun kommen die Apfelstücke dazu, mit Rotwein aufgießen und kurz gardünsten. Mit Salz und Pfeffer abschmekken und mit Brot servieren.
Der Wild-Aufbruch muß sofort auf den Tisch gebracht werden.

Landsberg. Radierung, Matthäus Merian, Frankfurt, 1644.

Fischgerichte

Brachsen vom Rost

2–4 Brachsen (Brassen, Bleie), je nach Größe, 100 g Butter, Salz, Pfeffer, Zitronensaft, Petersilie

Die Brachsen nimmt man aus, schuppt und säubert sie und reibt sie mit Salz und Pfeffer ein. Dann läßt man sie eine Stunde liegen, trocknet sie ab, wendet sie in zerlassener Butter und brät sie auf dem Rost, den man ebenfalls mit Butter bestrichen hat, auf beiden Seiten schön braun. Während des Bratens mit Zitronensaft beträufeln. Mit Petersilie garnieren und Kartoffel- und grünen Salat dazu reichen.

Karpfen auf bayerische Art

(aus einem alten Kochbuch)

Man schuppe und wasche den Karpfen, mache ihn am Rücken auf, nehme die Galle und die Gedärme heraus und zerschneide sie in beliebige Stücke, salze sie ein und lasse sie eine Stunde ruhen. Inzwischen wiege man Petersilie, Zwiebeln, Schalotten, Thymian und Zitronenschnitzchen, zusammen eine Handvoll, klein, lasse in einem Tiegel Butter zerfließen, streue das Gewiegte, nebst ein paar Nelken darein, lege den Karpfen darauf, decke ihn zu und lasse ihn eine Viertelstunde langsam dünsten. Dann gieße man halb Weinessig und halb Wein, so hoch der Fisch ist, darauf, streue eine Hand voll geriebene Brotrinde, nebst einem Loth Zucker darein, drücke Zitronensaft darauf, lasse es gut auskochen, richte ihn auf die zum Auftragen bestimmte Schüssel und gieße die Sauce darüber.

Steckerlfisch

Heringe oder Makrelen oder andere fette, kleinere Fische werden gesäubert, gründlich gewaschen, nach 10 Minuten abgetrocknet. Grill vorheizen, Rost mit Öl, Fische mit Butter bepinseln. Grillen – am besten am Spieß. Erst zuletzt salzen und pfeffern. Steckerlfisch, rösch und duftend, gehört zum Münchner Oktoberfest und zur Auer Dult wie das Bier und das Brathendl!

Matjesfilet nach Hausfrauenart

8–12 Heringsfilets, 3/8 l saure Sahne, 2 Zwiebeln, 2 Äpfel, etwas Essig, Öl, 1 EL Zucker

Im blauen Steinguttopf schichtet man die gesäuberten Heringsfilets, die Zwiebelringe und die geschälten, in kleine Stücke geschnittenen Äpfel sorgfältig aufeinander.

Die Sahne vermischt man mit den Gewürzen, gießt sie darüber, deckt den Topf zu und läßt die Heringe zwei Tage beizen. Dazu gibt es Pellkartoffeln.

Starnberger-See-Renken, gebacken

4 Renken, 1 Zitrone, Mehl, Salz, Pfeffer, Backfett

Die Renken werden ausgenommen, geschuppt und gut gewaschen. Nachdem man sie etwas abgetrocknet hat, reibt man sie mit Salz ein und beträufelt sie mit Zitronensaft. Nun werden sie in Mehl gewendet und in heißem Fett auf beiden Seiten schön braun gebacken.
Dazu reichen Sie Petersilienkartoffeln und verschiedene Salate.

Spitzingsee-Hecht, gebacken

1 Hecht (ca. 1000 g), 50 g Mehl, 100 g Butter, 50 g Speckstreifen, Salz, Bratfett

Der Hecht wird ausgenommen, geschuppt, gut gewaschen und gespickt.
Dann salzt man ihn innen und außen, wendet ihn in Mehl und brät ihn in heißem Fett auf beiden Seiten langsam schön goldbraun. Dazu gibt's Salzkartoffeln, Kopfsalat und zerlassene Butter.

Isarhuchen, blau

Isarhuchen –
Zum Sud:
2 EL Salz, 1 Tasse Essig, Fischgewürz (gibt es fertig abgepackt zu kaufen), 125 g zerlassene Butter

Der Isarhuchen, eine Münchner Delikatesse, ist von ausgezeichnetem Geschmack und kommt bei Münchnern noch vor der Forelle.
Der Isarhuchen wird ausgenommen, geschuppt, gewaschen und gesalzen und je nach Größe in Stücke geteilt. Dann gibt man ihn in den kochenden Sud und läßt ihn je nach Größe 15–20 Minuten ziehen.
Man reicht ihn mit Salzkartoffeln, zerlassener Butter und Salaten.

Isarhuchen, gebacken

1 Isarhuchen, 1 Zitrone, Mehl, Salz, Pfeffer, Backfett

Der Huchen wird ausgenommen, geschuppt und gut gewaschen. Nachdem man ihn in Filets zerteilt hat, salzen und mit Zitronensaft beträufeln. Die Filets in Mehl wenden und in heißem Fett auf beiden Seiten braun backen.

Waller, blau

1000 g Waller, 150 g Butter, Salz –
Für den Fischsud:
1 Zwiebel, 1–2 gelbe Rüben,
½ Stange Lauch, ½ Sellerieknolle,
in Scheiben, bzw. kleine Stücke
geschnitten, Salz, Pfeffer,
1–1½ l Wasser

Für den Sud Wasser, Gewürze und Gemüse ½ Stunde kochen lassen. Der Waller oder auch ein Stück von einem Waller wird gut geschuppt, gewaschen und innen wie außen eingesalzen. Den Fisch in den kochenden Sud geben, den Topf vom Herd nehmen und den Waller je nach Größe 20–30 Minuten ziehen lassen. Auf einer vorgewärmten Platte anrichten und Salzkartoffeln, zerlassene Butter und Kopfsalat dazu reichen.

Kraut, Knödel und Erdäpfel

Sauerkraut

1½–2 Pfund Sauerkraut, 1 Zwiebel,
ca. ½ l Wasser, 1 EL Zucker,
50 g Schweinefett, etwas Salz,
1 rohe Kartoffel,
4–5 Wacholderbeeren,
2 Lorbeerblätter,
4–5 Pfefferkörner, evtl. Kümmel,
1 Stück geräuchertes Wammerl

Das Sauerkraut wird – falls es sehr sauer ist – einmal kurz gewaschen, dann kommt es mit sämtlichen Zutaten außer der Kartoffel in den Topf. Man läßt es ungefähr eine Stunde kochen, gibt die rohe geriebene Kartoffel dazu und läßt nochmals 5–10 Minuten leicht weiterkochen. Ein Stück geräuchertes Wammerl darf in keinem Münchner Sauerkrauttopf fehlen!
Und schon Wilhelm Busch hat festgestellt: »... von welchem man besonders schwärmt, wenn es wieder aufgewärmt.«

Sauerkraut mit Rübenkraut gemischt

500 g Sauerkraut,
250 g Rübenkraut, 1 Zwiebel,
1 rohe Kartoffel, 50 g Schweinefett,
4–5 Wacholderbeeren,
4–5 Pfefferkörner, 2 Lorbeerblätter,
¼–½ l Wasser

Zubereitung wie vorhergehendes Rezept.

Weißkrautsalat mit Speck

1 kleiner Kopf Weißkraut,
50–80 g Speck, 2–3 EL Essig,
2 EL Öl, Salz

Das Weißkraut halbieren, die äußeren Blätter und die dicken Strunke entfernen, fein hobeln oder schneiden. Einmal in Salzwasser aufkochen lassen und abgießen. Nun brät man die Speckwürfelchen hellbraun und gibt sie mit Essig, Salz, Öl und einer winzigen Prise Zucker über das Kraut und mischt alles gut durch. Der Krautsalat schmeckt am besten, wenn er noch warm ist.

Bayerisches Kraut

1 Kopf Weißkraut, ca. 1000 g,
40 g Schweineschmalz, ½ Zwiebel,
1–2 EL Essig, 1 Apfel,
1 EL Zucker,
Prise Salz und Pfeffer,
3–4 Tassen Wasser oder Brühe

Das Kraut, das in und um München verzehrt wird – und das ist nicht wenig, gehört es doch zu den ältesten und beliebtesten heimischen Gemüsen –, wird vor allem aus Ismaning, nordöstlich von München, herbeigeschafft. Große Wagen mit Krautköpfen rollen allmorgendlich zur Münchner Großmarkthalle, und manche Hausfrau, die an einer der Zufahrtsstraßen wohnt, findet dann einen vom Wagen gerutschten Kopf direkt vor der Haustür. Und richtet ihn so an:
Das Kraut wird geputzt und die Strunke entfernt, die Blätter fein gehobelt oder geschnitten. Der Zucker wird in heißem Fett gebräunt, die gehackte Zwiebel und der geschnittene, aber nicht geschälte Apfel dazugegeben und kurz angedünstet. Das Kraut dazugeben, würzen und mit Wasser oder Brühe auffüllen. 1–1½ Stunden dünsten und mit Essig oder Weißwein abschmecken.

Kartoffelnudeln, niederbayerisch

750 g gekochte Kartoffeln, 2 Eier,
ca. 6–8 EL Mehl, Salz,
Backfett (Schweinefett)

Die Kartoffeln werden weichgekocht, geschält, durchgepreßt und, wenn sie ausgekühlt sind, mit Mehl, Salz und Eiern zu einem Teig vermengt. Mit bemehlten Händen auf einem Brett fingerdicke Nudeln formen und diese in heißem Schweinefett goldbraun backen.

Reiberdatschi

750 g rohe Kartoffeln, 1 Zwiebel,
Salz, 1 Ei, 2–3 EL Mehl, Backfett

Die Kartoffeln schälen und möglichst schnell reiben oder in den Mixer geben. Die Zwiebel dazu reiben, mit Ei, Salz und Mehl gut verrühren. In einer Pfanne mit heißem Fett handtellergroße Datschi goldbraun und knusprig herausbacken. Dazu gibt's Sauerkraut oder Weißkrautsalat mit Speck. Wer die Kartoffeln nicht mehr selbst reiben will, kann auch fertigen Datschiteig verwenden.

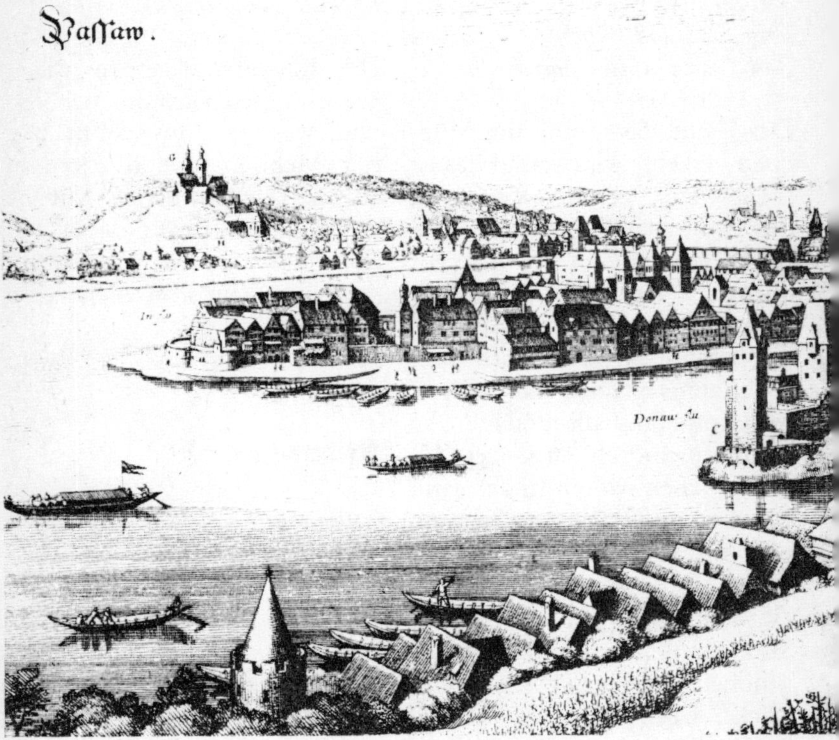

Passau. Radierung, Matthäus Merian, Frankfurt, 1644.

B
A

Semmelknödel

Knödelbrot von 10 Semmeln,
1 Zwiebel, 40 g Fett, 3 Eier,
Petersilie, ca. 1/4 l Milch, Salz,
Pfeffer

Die Semmelknödel sind sozusagen eine bayerische Nationalspeise, und ihre original Münchner Aussprache – *Semmelnknödeln* – ist durch den unsterblichen Komiker Karl Valentin weit über die weißblauen Grenzen hinaus bekannt geworden. Falls Sie kein Knödelbrot bekommen, schneiden Sie 10 Semmeln vom Vortag in dünne Scheiben. – Das Knödelbrot kommt in eine Schüssel und wird mit lauwarmer Milch übergossen, die Eier dazugeschlagen und gewürzt. Kleingehackte Zwiebel und Petersilie ganz kurz in Fett andünsten und dazugeben. Alles gut, aber nicht zu heftig durchmischen und den Teig stehen lassen. Nun formt man mit angefeuchteten Händen schöne runde Knödel und legt sie in das kochende Salzwasser. Sie müssen ganz leicht und locker sein.
Semmelknödel sind in leicht kochendem Wasser in 15–20 Minuten, je nach Größe, fertig. Etwas ziehen lassen.

Bayerische Kartoffelknödel

1000 g große, rohe und
375 g gekochte Kartoffeln,
Knödelbrot von 2 Semmeln, 1 Ei,
ca. 1/4 l Wasser, Salz, Pfeffer

Die rohen Kartoffeln werden geschält und durch ein Reibeisen in eine Schüssel mit etwas Wasser gerieben. Den Kartoffelteig drückt man in einem Tuch aus, gibt ihn in die Schüssel mit dem Knödelbrot und übergießt mit etwas heißem Wasser. Die gekochten Kartoffeln drückt man durch eine Presse, gibt sie mit dem Ei, Salz und etwas Pfeffer zu dem übrigen Teig und mischt alles gut durch. Mit angefeuchteten Händen formt man Knödel, legt sie in kochendes Wasser und läßt sie je nach Größe 20–25 Minuten leicht kochen und anschließend noch etwas ziehen. Wer's mag, kann die »echten« Münchner Knödel mit Semmelbröckerl füllen – ganz originalgetreu ist es nicht. Wenn man reine Kartoffelknödel haben möchte, läßt man das Knödelbrot fort und reduziert statt dessen die Flüssigkeitsmenge etwas.

Gekochte Kartoffelknödel mit Semmelbröckerl

1000 g am Vortag gekochte Kartoffeln, ca. 125 g Mehl, 2 Eier, 2 EL Butter, in Butter goldbraun geröstete Weißbrot- oder Semmelwürfel

Die geschälten, gestampften oder durchgepreßten Kartoffeln werden mit dem Mehl, den Eiern, der Butter und Salz in eine Schüssel gegeben und gut durchgemischt. Mit bemehlten Händen Knödel formen, in die Mitte je 2 Brotbröckerl geben, in kochendes Wasser geben, Hitze sofort drosseln und die Knödel ca. 15 Minuten gar ziehen – nicht mehr kochen! – lassen.

Wenn Ihnen die Knödel zu viel Arbeit machen, können Sie ohne Bedenken Knödel-Fertigmasse verwenden. Wenn Sie die Zubereitungsanleitung genau beachten, schmecken die Fertigknödel fast ganz genauso gut!

Kartoffelschmarrn, niederbayerisch

500 g gekochte Kartoffeln, 80 g Mehl, 1 Ei, 1 Zwiebel, Salz, Pfeffer, Schweineschmalz zum Ausbacken

Die gekochten, abgekühlten Kartoffeln drückt man durch die Kartoffelpresse, gibt das Ei, Salz, Pfeffer und Mehl dazu und mischt es locker durch. Nun dünstet man die gehackte Zwiebel im Schweinefett an, gibt den Kartoffelteig dazu und läßt ihn etwas anbraten. Mit einer Backschaufel umwenden, zerkleinern und schön goldgelb rösten.

Kartoffelschmarrn und aufgewärmtes Sauerkraut sind ein Schmankerl!

Topfennudeln

500 g gekochte Kartoffeln,
80 g Mehl, 1 Ei, Salz,
250 g Topfen (= Magerquark),
Backfett

Die ausgekühlten Kartoffeln werden durch ein Sieb gepreßt, mit Ei, Salz, Mehl und dem Topfen vermengt und daraus fingerdicke Nudeln gerollt. In einer Stielpfanne in heißem Fett auf beiden Seiten schön knusprig braun braten. Topfennudeln gibt's in Bayern zum Sauerkraut.

Münchner Kartoffelsalat

750 g Kartoffeln, 1/8 l Fleischbrühe,
1 Zwiebel, 2–3 EL Essig,
4 EL Öl, Salz, Pfeffer, Schnittlauch

Die Kartoffeln kochen, noch warm schälen und in Scheiben schneiden. Die kleingehackte Zwiebel, Essig, Öl, Salz und die heiße Fleischbrühe darübergeben und durchmischen.
Im Gegensatz zu anderen Städten darf in München der Kartoffelsalat ruhig ein bißchen »batzig« sein. Am besten schmeckt er noch warm. Mit kleingeschnittenem Schnittlauch bestreuen.
Ganz besonders gut schmeckt er, wenn man ihn mit Gurken oder Endivien mischt.
Dazu schneidet man 1/2 Gurke in feine Scheiben und salzt sie leicht ein – etwas ziehen lassen und unter die Kartoffeln mischen. Der Endiviensalat wird gewaschen, in feine Streifen geschnitten, auf ein Sieb gegeben und möglichst trocken unter den Kartoffelsalat gemischt.

Kartoffelberg

Etwa 1 kg gekochte Kartoffeln,
am besten vom Vortag,
1 Tasse dicker, saurer Rahm oder
Crême fraîche,
4–5 EL geriebener Emmentaler,
Fett zum Braten

Die kalten Kartoffeln schälen, in Scheiben schneiden und in einer gut gefetteten Pfanne wie Bratkartoffeln anrösten. 3–4 EL von dem geriebenen Käse unter den Rahm rühren und diesen über die Kartoffeln gießen.
Kurz durchziehen lassen, in eine Form türmen, noch einmal mit Käse überstreuen und im Backrohr leicht bräunen lassen.

Niederbayerische Rahmerpfl

1 kg neue Kartoffeln,
¼ l saurer Rahm, Salz,
Schnittlauch, gestöckelte (saure)
Milch nach Belieben

Die Kartoffeln kochen, schälen und in kleinere Brocken zerstoßen. Sauren Rahm darübergießen, salzen, durchmischen und mit Schnittlauch bestreuen. Dazu wird saure (gestöckelte) Milch gereicht.

Bauernsterz aus Niederbayern

1000–1500 g gekochte, erkaltete Kartoffeln, am besten vom Vortag, ca. 1 Tasse Mehl, Salz, Bratfett

Die Kartoffeln schälen, reiben und salzen, mit Mehl überstäuben und locker durch die Finger sieben. Eine Bratreine im Backrohr anwärmen, Butterschmalz oder Margarine darin zerlassen und den Sterz hineingeben. Anbacken lassen und während des Backvorgangs immer wieder mit einer Gabel auflockern. Wenn er goldgelb ist und die ersten braunen Stellen zeigt, aus dem Backrohr nehmen, mit einem Spatel in kleine Stücke stoßen, noch einmal Fett dazugeben und weiterbacken lassen. Sobald das zugegebene Fett flüssig ist, einmal gut durchmengen und alsbald auf den Tisch bringen.

Niederbayerische Fingernudeln

300 g Mehl (halb Weizen,
halb Roggen), 1 Ei, Salz,
80 g Fett, knapp ⅛ l heißes Wasser,
nach Belieben 2 Eier

Aus Mehl, Ei und Salz und heißem Wasser einen festen Nudelteig herstellen, gut durcharbeiten, evtl. muß noch etwas Mehl zugegeben werden, und etwas ruhen lassen.
Mit bemehlten Händen kleinfingerdicke Nudeln rollen. 10 Minuten in leicht gesalzenem Wasser kochen, etwas ziehen lassen, mit einem Schaumlöffel herausnehmen und abtropfen lassen. Fett in einer Pfanne erhitzen und die Nudeln darin goldgelb rösten. Nach Geschmack zwei Eier verquirlen, darübergeben und nochmal kurz durchrösten. Als Beilagen eignen sich Sauerkraut oder Salate.

Im Café Senkrecht

von Siegfried Sommer

Eins, zwei, drei, im Sauseschritt eilt die Zeit, wir eilen mit. So stand es einst auf Großmütterleins Wandsegen, sauber auf Stramin gestickt. Heute eilt die Zeit allerdings nicht mehr, sondern sie rast. Beinahe könnte sie sich schon selber in ihr eigenes Ende beißen. Wenn sie eines hätte. So canaveral ist sie geworden. Dabei behaupten die Philosophen ganz sachlich, daß nicht die Zeit vergeht, sondern wir. Aber schließlich ist das wohl Jacke wie Hose.

Am besten ist das Tempo unserer Tage an verschiedenen Gepflogenheiten zu beobachten. Zum Beispiel beim Kaffeetrinken.

Nach der Überlieferung ist die Entdeckung des braunen Plappersüppleins einem Weisen aus dem Morgenlande zu verdanken. Die Mär berichtet darüber folgendes: Ein eisgrauer Philosoph im Lande Hind tat einmal das Gelübde, ein Jahr lang nur zu beten und nicht mehr zu schlafen. Nach drei Monaten fielen ihm aber die Augen zu. Als er erwachte, war der Weise über seine Schwäche so zornig, daß er sich kurzerhand die Augenlider abschnitt und sie wegwarf. Dort aber, wohin sie gefallen waren, sproßte alsbald ein zartes grünes Reis aus dem Boden, das schnell kirschgroße Früchte trug. Diese nagte der Eremit ab, die Kerne aber trocknete er, zermahlte sie zwischen zwei Steinen und kochte sich ein warmes Süpplein daraus. Und siehe da, jedwede Müdigkeit war auf der Stelle von ihm gewichen, und er nannte sein Tränklein darob »Mok-ka«, was in seiner Sprache soviel hieß wie »Nimmer-Schlaf«. Soweit die Ballade. Im Jahre des Heils sechzehnhundertundachtundsechzig bereits wurde dann in Regensburg an der blauen Donau das erste deutsche Kaffeehaus eröffnet. Seitdem hat es viele Wandlungen durchgemacht. Verschwunden ist dabei längst das literarische Zeitungscafé, dessen berühmtestes das Café »Größenwahn« in München war. Auch das Konzert-Café mitsamt seinen Stehgeigern ist

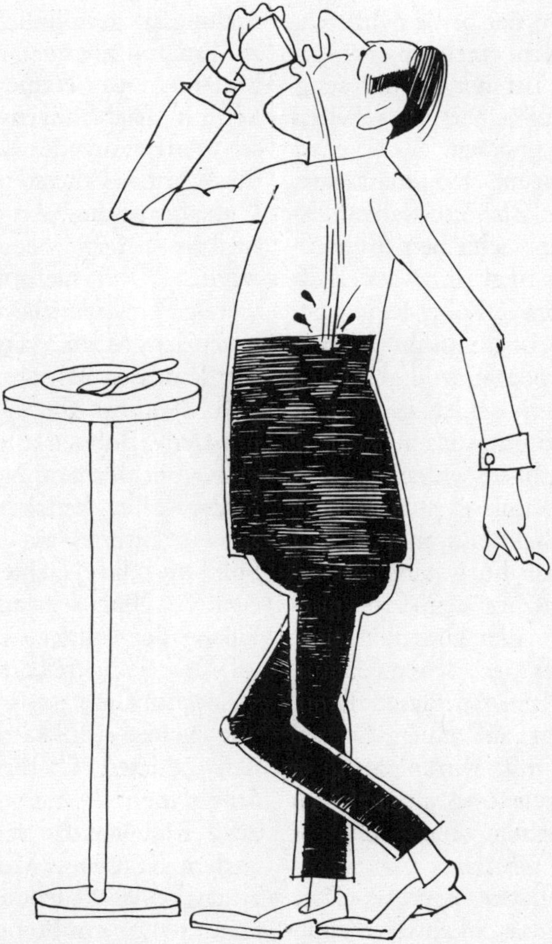

passé. Ebenso wie die meisten Billard- und Schach-Treffpunkte. Dafür kam aber aus dem Süden über die sieben Berge ein ganz neuer Café-Typ zu uns: nämlich das Espresso. Das Café im Vorübergehn.

In ihm wird der heiße Mulattenschweiß nicht mehr bieder gekocht wie bei der Mutter selig, sondern auf einer vernickelten Maschine gestanzt. Von einer chromhaarigen Kommandeuse, die eine Zichorie-Nahkampfspange am sachlichen Renommierbusen trägt mit der Aufschrift »Cora«. Wobei leider niemand weiß, ist es nun ihr Schmeichelname oder nur die Kaffeemarke, für die sie kämpft.

Die Einrichtung in einem Espresso besteht aus winzigen Tischchen, die kaum größer sind als die Handschuhnummer eines Portiers. Auf ihnen haben neben den Sieben-Zwerglein-Tassen gerade noch die gläsernen, mit Staubzucker geladenen Handgranaten Platz. An diesen Tischchen sitzen auf einen Sprung Mädchen mit wirren Suppennudel-Haaren und den Augen von gekochten Forellen. Vor ihnen sei gewarnt.

Die männlichen Espresso-Gäste besuchen diese Lokalitäten hauptsächlich nur, wenn sie notwendige Gedanken haben. Bekommen sie keinen »Biß«, brühen sie sich blitzschnell den Schlund, röhren ein wenig und geben wieder Gas. Der verabreichte Kaffee heißt bei ihnen nach seiner Herstellungsart gewöhnlich »Schwarzer Einarmiger« oder »Gestanzter brutal«. Der Name Espresso kommt nach allgemeiner Anschauung von der Abkürzung der Worte »es pressiert so«.

Nun aber ist diese Art des Kaffeetrinkens bereits wieder überholt worden. Und man nimmt das würzige Treiböl vielfach nunmehr unter dem Motto: »Trink schneller, Genosse« zu sich. Dabei hat sich allerdings die Qualität des dunklen Bohnensaftes keineswegs verschlechtert. Noch immer ist der Kaffee »heiß wie die Küsse eines Mädchens am ersten Tag. Süß wie die Nächte in ihren Armen. Und schwarz wie die Flüche der Mutter, wenn sie es erfährt.« So schreibt es ein altes arabisches Gesetz vor.

Die neuen Mokka-Kipp-Kantinen besitzen überhaupt keine Stühle mehr. Nur noch ein Dutzend Resopal-Pilze schießen aus hartem Kunststoff-Moos hervor. Auch keine Mädchen mit rückwärts gestärktem Propellerantrieb schweben mehr durch den Raum. »Selbstbedienung« heißt hier die Dame vom Dienst. Und das Getränk wird ausschließlich im Stehen hinuntergestürzt. Im Café Senkrecht. Manche Gäste schütten den heißen Nektar so schnell in sich hinein, daß sie nachher mit zurückgebeugtem Kopf die Tankstelle verlassen. Weil ihnen sonst der flüssige Happen wieder aus dem Gesicht fällt, denn er ist ja noch gar nicht ganz drunten. Das ist kein Schlürfen mehr in diesen Oasen der Hast. Ein Ansaugen höchstens kann man es noch nennen. Viele Gäste haben dabei die Beine krampfhaft gekreuzt, und wiegen leise hin und her, als müßten sie dringend »für kleine Knaben«. Ältere Damen kichern auch sanft idiotisch vor sich hin wie die Irre von Chaillot. Sie sind aber nur ein bißchen überdreht, weil sich halt ihr zokkelndes Herz vor Freude über die sechste Tasse lautlos ins Fäustchen lacht. Und überall zappelt das und wippt, als hätte man diesen Kaffee-Gästen Ameisen in die Unterwäsche geschaufelt. Die Wissenschaftler haben errechnet, daß der Deutsche vor hundert Jahren rund eine Stunde täglich beim Kaffee saß. Heute erübrigt er dafür noch ganze vier Minuten. Und die weitere Entwicklung ist noch gar nicht abzusehen. Denn zwar gibt es erfreulicherweise schon einen »Wilma-Rudolph-Capucino« oder einen »Marsch-mit-Milch«. Aber schon morgen wird gewiß der »Mokka-Jet«, der »Boeing-Verkehrt« oder ein »Satelliten-Einspänner« das Getränk der Stunde sein.

Kücherl, Backwerk und Süßspeisen

Roggennudeln

Für den Teig:
200–250 g Roggenmehl, 1 Ei,
½ l Wasser, 1 TL Salz,
1 EL Butter
Zum Darübergießen:
ca. ½ l Milch, 2–3 Eier

Die Zutaten zu einem festen Teig verarbeiten und 30 Minuten zugedeckt ruhen lassen. Kleinfingerdicke, ca. 5 cm lange Nudeln formen und in eine Bratreine schichten. Mit Milch übergießen und im Rohr solange backen, bis die Milch verkocht ist, wenden und schön braun werden lassen. Am Schluß die mit Milch verquirlten Eier darübergießen und noch solange im Rohr lassen, bis das Ei gestockt ist.
Dazu schmeckt jedes beliebige Kompott.

Polsterzipfel

250 g Mehl, 40 g Butter,
½ TL Backpulver, 2 Eier,
60 g Zucker, Vanillezucker,
Zimt und Zucker zum Bestreuen,
Butterschmalz zum Ausbacken

Butter, Zucker, Vanillezucker und Eier schaumig rühren, Mehl und Backpulver dazugeben und einen festen Teig kneten. Eventuell muß man noch etwas Mehl dazugeben, dies hängt von der Größe der Eier ab.
Auf einem bemehlten Brett Teig nicht zu dünn auswellen und mit einem Teigrädchen Vierecke ausradeln. Polsterzipfel in schwimmendem heißen Fett schön goldbraun backen und mit Zimt und Zucker bestreuen.

Scheitennudeln

2 Eier, 2 Eigelb, 1 Prise Salz,
Mehl (was die Eier aufnehmen),
Puderzucker,
Butterschmalz zum Ausbacken

Eier, Eigelb, Zucker und Salz verquirlen und soviel Mehl dazugeben, daß ein fester Teig entsteht. Auf einem bemehlten Brett fingerdicke Würste formen und in ca. 3 cm lange Stücke schneiden. Diese werden dünn ausgerollt und in schwimmendem Fett gebacken. Auf einem Sieb abtropfen lassen und dick mit Puderzucker bestreuen.

Windnudeln
(altes Rezept)

45 Gramm Butter werden mit ¼ Liter Wasser, einer Messerspitze Salz in einer Pfanne aufgekocht, dann schüttet man schnell 70 Gramm Mehl hinein und rührt solange am Feuer, bis der Teig sich von der Pfanne löst. Nun stellt man ihn vom Feuer, gibt, wenn er fast ausgekühlt ist, 2 Eier und 25 Gramm Zucker dazu, rührt ihn gut ab, und setzt davon auf ein mit Butter bestrichenes Blech mit einem Eßlöffel kleine runde Häufchen und bäckt sie bei guter Hitze im Bratrohr. Man öffnet das Rohr 20 Minuten nicht, sonst fallen die Nudeln zusammen. Nach Belieben kann man den Kopf abschneiden, wenn sie kalt sind, und sie mit Schlagrahm füllen.

Hefeteig

Grundrezept:
500 g Mehl, 1–2 Eier, 50 g Butter, 25 g Hefe, 3 EL Zucker, ½ TL Salz, ca. ¼ l Milch

Die Hefe bröckelt man in ⅛ l lauwarme gezuckerte Milch (zum Vorteig oder Dampferl). Dann gibt man das Mehl in eine vorgewärmte Schüssel, macht in der Mitte eine Vertiefung, schüttet das Dampferl hinein, verrührt es mit etwas Mehl und läßt es gehen. Die Schüssel wird leicht warm in Herdnähe gestellt. Nach 20 Minuten ungefähr ist das Dampferl gegangen, dann gibt man die Eier, Salz, die zerlassene Butter und den Rest lauwarme Milch dazu, mengt alles gut durch und schlägt den Teig so lange, bis er sich von der Schüssel löst und Blasen wirft. Jetzt muß der Teig noch einmal gehen, man deckt ihn mit einem Tuch zu und stellt ihn wieder warm.

Diesen Hefeteig braucht man zu Dampf- und Rohrnudeln, Ausgezognen und Krapfen.

Kirchweihnudeln

Hefeteig nach Grundrezept,
80 g Weinbeeren oder Sultaninen,
Butterschmalz zum Ausbacken

Den Hefeteig vorbereiten. Wenn er abgeschlagen ist, 80 g Weinbeeren oder Sultaninen dazugeben. Ist er dann gut gegangen, sticht man mit einem Eßlöffel Nudeln aus, die man auf einem mehlbestäubten Brett, mit einem Tuch gut zugedeckt, 15 Minuten gehen läßt. Mit einer Schere, die man ins heiße Butterschmalz taucht, schneidet man die Nudeln kreuzweise in der Mitte ein und bäckt sie auf beiden Seiten im schwimmenden heißen Fett braun. Zum Schluß werden die Nudeln mit Puderzucker bestreut.

Rohrnudeln

Hefeteig nach Grundrezept,
100 g Fett

In der Bratreine zerläßt man das Fett, sticht mit einem bemehlten Eßlöffel Nudeln ab, setzt sie ins lauwarme Fett und bepinselt sie öfter damit. Läßt sie nochmals kurz gehen und bäckt sie im Rohr bei mittlerer Hitze 40 Minuten.

Dampfnudeln

Hefeteig nach Grundrezept,
Fett, Milch

Das Gelingen der Dampfnudeln ist weitgehend von einem guten Topf abhängig. Der Topfboden soll möglichst dick sein, der Deckel muß dicht schließen.
In den Topf gibt man 2 cm hoch lauwarme Milch und das Fett, sticht mit einem bemehlten Eßlöffel Nudeln ab und setzt sie nebeneinander in die Milch. (Die Milch darf keinesfalls die Nudeln bedecken!) Nun läßt man die Nudeln nochmals kurz gehen, dann läßt man sie bei schwacher Wärme ca. 30 Minuten kochen. Bei einem Gasherd legt man am besten eine Asbestplatte unter den Topf.
Der Deckel darf erst geöffnet werden, wenn die Dampfnudeln fertig sind.
Zu Dampfnudeln gibt es Vanillesauce, die man aus ¾ l Milch, Vanillepuddingpulver und Zukker bereitet.

Wetzsteine
(Waldler-Nudeln)

Hefeteig von 500 g Mehl (nach Grundrezept), 1 Tasse Weinbeeren, ca. 250 g Butterschmalz

Hefeteig gehen lassen und auf ein mit Mehl bestäubtes Brett geben, ca. 2 cm dick auswalken und mit einer Tasse, die man in Mehl taucht, runde Stücke ausstechen. Nochmals 15 Minuten gehen lassen. Das Schmalz in einer großen Eisenpfanne zergehen lassen und die Nudeln zugedeckt darin brutzeln, wenden. Wetzsteine müssen auf beiden Seiten appetitlich braun sein. Sie werden mit Zimt und Zucker bestreut und mit Kompott gegessen.

Auszogne oder Knienudeln

Hefeteig nach Grundrezept, Butterschmalz zum Backen (ca. 1000–1500 g), Puderzucker

Aus dem gegangenen Hefeteig formt man runde Küchlein, je nach Größe zwischen 12 und 15 Stück, legt sie auf ein mit Mehl bestäubtes Brett, deckt sie mit einer sauberen Serviette zu und läßt sie nochmals kurz gehen. Dann zieht man sie vorsichtig in der Mitte dünn, daß außen ein dicker Kranz entsteht und gibt sie sofort ins heiße Fett. Sie müssen auf beiden Seiten braun und knusprig sein, bevor man sie mit einem Schaumlöffel herausnimmt. Die fertigen Nudeln, die in der Mitte eine helle Blase haben müssen, legt man auf ein Sieb zum Abtropfen und bestreut sie vor dem Servieren mit Puderzucker. Aus'zogne Nudeln sollen sofort gegessen werden, sie schmecken am besten ganz frisch. Immer nur so viele Nudeln ins Fett geben, daß sie gut schwimmen und das Fett heiß bleibt.

Apfelpfannkuchen, niederbayerisch

300 g Mehl, 3–4 Eier, etwas Salz, gut 1/4 l Milch, 3–4 schöne Äpfel, Zucker zum Bestreuen, Backfett

Aus Eiern, etwas Salz, Milch und Mehl rührt man einen glatten, dickflüssigen Teig. Äpfel schälen und in dünne kleine Scheibchen schneiden und unter den Teig mischen.

In einer Pfanne mit heißem Fett dünne Pfannkuchen ausbacken.

Landshut. Radierung, Georg Peter Fischer für Matthäus Merian, 1644.

Yser : fluß

Schuxen

500 g Mehl (halb Weizen, halb Roggen), Sauerteig zum Dampferl, Salz, etwas Milch, 250 g Topfen (Quark), Butterschmalz zum Ausbacken

Den Sauerteig mit etwas Mehl zu einem Dampferl ansetzen. Mehl in eine vorgewärmte Schüssel sieben, mit dem Dampferl und den anderen Zutaten zu einem festen Teig mischen und ihn solange mit dem Kochlöffel abschlagen, bis er Blasen wirft und sich von der Schüssel löst. In Herdnähe zugedeckt gehen lassen.

Nun rollt man den Teig auf einem gut bemehlten Brett dünn aus und sticht ovale Flecke aus, die man noch mal etwas gehen läßt. In heißem schwimmendem Fett ausbacken. Schuxen müssen schön goldbraun sein, man serviert sie zu Fleischspeisen oder zuckert sie und reicht Kompott dazu.

Krapfen

Hefeteig nach Grundrezept, 1 Eiweiß, Aprikosenmarmelade, reichlich Fett zum Ausbacken (am besten Butterschmalz), Puderzucker

Der gegangene Hefeteig wird auf einem gut bemehlten Brett ungefähr 1 cm dick ausgerollt. Dann nimmt man ein Glas mit ca. 6 cm Durchmesser, taucht es in Mehl und sticht damit Scheibchen aus. In die Mitte kommt ein halber Teelöffel Marmelade, der Rand wird mit Eiweiß bestrichen, die zweite Hälfte Teig daraufgegeben und leicht angedrückt. Die Krapfen läßt man nun noch mal kurz gehen, bevor man sie in schwimmendem heißem Fett auf beiden Seiten schön hellbraun bäckt. Die fertigen Krapfen kommen auf ein Sieb zum Abtropfen, man bestreut sie dann mit Puderzucker.

Weißbaucherl, (Quarknudeln)

1½ Pfund Magerquark,
1 Pfund Mehl, 2 Eier,
200 g Margarine, 150 g Zucker,
¼ l Milch, 1 Prise Salz

Aus Quark, Eiern, 2 EL Zucker, Salz und Mehl einen Knetteig machen, in eine lange Rolle formen und davon kleine Stücke schneiden (wie bei Fingernudeln). Fett und den Rest Zucker mit Milch in einen Topf mit Deckel und festem Eisenboden geben und warm werden lassen. Dann die Stücke hineinlegen und 20 Minuten bei schwacher Hitze kochen, bis sie braun werden.

Bayerischer Käsekuchen

Zum Boden:
1 Ei, ½ TL Backpulver,
250 g Mehl, 100 g Zucker,
Vanillezucker, 100 g Butter –
Zur Fülle:
5 Eier, 1½ Pfund Sahnequark,
80 g Zucker, Vanillezucker,
1 Tasse Weinbeeren,
Vanillepudding aus ⅛ l Milch

Zum Teig Butter, Ei, Zucker und Vanillezucker schaumig rühren, Mehl und Backpulver dazugeben und einen Mürbeteig kneten. Die Kuchenform (Springform) gut einfetten und den Mürbeteig dünn mit bemehlten Fingern verteilen. Die Ränder ca. 5 cm hoch drücken.
Aus erkaltetem Pudding, Eigelb, Zucker und Vanillezucker eine schaumige Masse rühren, Quark und die gewaschenen Weinbeeren dazugeben und glatt rühren. Eiweiß zu Schnee schlagen und leicht daruntermischen. In den Mürbeteig füllen, glatt streichen. 55–60 Minuten bei mittlerer Hitze im Rohr backen, noch 5 Minuten auf größere Hitze stellen und dann herausnehmen.
(Im Elektroherd bei 200 Grad backen.)

Buttermilchpfannkuchen

300–400 g Mehl, 3 Eier,
1 Msp Salz, ½ l Buttermilch,
Fett zum Ausbacken

Aus Mehl, Milch, Salz und Eiern macht man einen dickflüssigen, glatten Teig und bäckt in heißem Fett Pfannkuchen aus. Sie müssen auf beiden Seiten schön goldbraun sein. Zu Salaten oder zu Kompott servieren.

Hasenöhrl

250 g Mehl, 2 Eier,
2 EL saurer Rahm, 50 g Zucker,
1 Msp Salz, 60 g Butter,
1 Msp Backpulver, Backfett

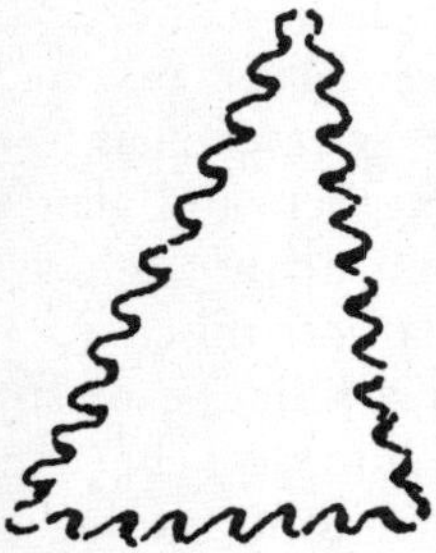

Zuerst rührt man die Butter mit den Eiern, Salz, Zucker und dem Rahm glatt und gibt dann das Mehl mit dem Backpulver dazu. Nun gibt man den Teig auf ein bemehltes Brett, walkt ihn dünn aus (2–3 mm) und rollt mit einem Teigrädchen ohrenähnliche Fleckchen aus (siehe Abbildung). Diese werden in heißem, schwimmendem Fett schön braun gebacken und mit etwas Zucker bestreut.

Apfelkücherl

4–5 große Äpfel, 200 g Mehl,
1 Msp Salz, 2–3 Eier, ¼ l Milch,
Zucker, Zimt, Fett zum Ausbacken

Aus Mehl, Milch, Salz und den Eiern rührt man einen glatten Pfannkuchenteig. Die Äpfel werden geschält und nach Entfernung des Kernhauses in Scheiben geschnitten. Die Apfelscheiben taucht man in den Teig und bäckt sie in heißem Fett auf beiden Seiten schön goldbraun. Apfelkücherl mit Zucker und etwas Zimt bestreuen, noch warm essen.

Holler-Kücherl

10–12 schöne Hollerdolden,
2–3 Eier, 200 g Mehl, ¼ l Milch,
1 Msp Salz, Zucker, Fett,
Zucker zum Bestreuen

Die Hollerblüten werden vorsichtig gewaschen und auf ein Sieb zum Abtropfen gelegt.
Aus Mehl, Milch, Salz und Eiern verrührt man einen Pfannkuchenteig, taucht die Hollerblüten hinein und bäckt sie in schwimmendem Fett schön goldbraun.
Die Hollerkücherl mit Zucker bestreuen und sofort servieren!

Strauben

Originalrezept aus einem alten bayerischen Rezeptbuch

1/8 l Milch, 30 g Butter,
90 g Mehl, Staubzucker,
Backfett, 2 Eidotter, 2 Eier,
30 g Zucker,
1 EL Kirschwasser oder Rum,
Stück Zitronenschale,
Stück Vanille

1/8 Liter Milch wird in einer Messingpfanne mit 30 Gramm Butter, 30 Gramm Zucker, einer Prise Salz, etwas Zitronenschale und ein Stück ganzen Zimts einige Minuten gekocht, dann Zimt und Zitronenschale herausgenommen und 90 Gramm feinstes, gesiebtes Mehl auf einmal unter beständigem Umrühren dazugegeben und dieser Teig auf dem Feuer solange gerührt, bis er sich vom Löffel und der Pfanne löst. Nun gibt man ihn in eine Schüssel, kühlt ihn etwas aus und rührt dann 2 ganze Eier und 1 oder 2 Dotter nach und nach nebst 1 Eßlöffel Kirschwasser oder Rum dazu. Dieser Teig wird nun in eine Straubenspritze mit schmalem Stern gefüllt,nachdem man dieselbe schnell ins heiße Butterschmalz getaucht hat, dann steckt man den Stempel an und fährt, indem man ihn langsam eindrückt, in der Runde über der Schmalzpfanne, damit die hineinfallende Straube schneckenförmig zu liegen kommt und schüttelt die Pfanne, bis die Straube unten schön braun ist. Nun dreht man sie vorsichtig mit dem Backlöffel um und bäckt sie auf der anderen Seite, legt sie auf Löschpapier und gibt sie noch warm, gut mit Staubzucker bestreut, auf einer Platte zu Tisch.

Bettelmann, niederbayerisch

8–10 Semmeln vom Vortag,
1/4 l Milch, 3–4 Eier, 2 EL Zucker

Semmeln halbieren, in dünne Scheiben schneiden und in eine Schüssel geben. Die Milch mit den Eiern und dem Zucker verquirlen, darübergießen und 20 Minuten stehen lassen. Fett in der Stielpfanne heiß werden lassen und die Semmelmasse in 2–3 Portionen schön goldgelb herausbacken. Der Semmelschmarrn muß in Stücke zerteilt und öfter umgeschaufelt werden. Man richtet ihn auf einer vorgewärmten Platte an, bestreut ihn mit Zucker und reicht Kompott dazu.

Mittenwalder Grießschmarrn

1 l Milch, 50 g Butter,
125 g Grieß, 4 Eier, Backfett,
Zimt und Zucker zum Bestreuen

Aus Milch, Butter und dem Grieß kocht man einen festen Grießbrei. Eidotter daruntermischen, Eischnee schlagen und ebenfalls darunterheben, auskühlen lassen. In der Pfanne Fett heiß werden lassen, den Brei in 2–3 Portionen hineingeben, auf beiden Seiten goldbraun backen, mit einem Backschäuferl zerkleinern, öfter wenden und gut durchbacken. Mit Zimt und Zucker bestreuen. Dazu schmeckt jede Art von Kompott.

Schneeballen

(altes oberbayerisches Rezept)

250 g Mehl, 80 g Butter,
1 EL Zucker, 1 Msp Salz,
2 EL saurer Rahm, 3 Eidotter

Das Mehl kommt auf ein großes Brett, man macht in die Mitte eine Vertiefung und gibt alle anderen Zutaten hinein. Dann arbeitet man daraus einen Teig und läßt ihn zugedeckt ungefähr eine Stunde stehen. Jetzt den Teig dünn (3 mm) ausrollen, runde Flecken ausstechen, in die man mit einem Teigrädchen fingerdicke Streifen macht.
Nun nimmt man den Stiel eines Kochlöffels, hebt jeden zweiten Streifen auf und hebt ihn in heißes schwimmendes Fett, bis er sich vom Stiel löst. Man läßt sie auf beiden Seiten goldbraun backen und bestreut sie vor dem Servieren dick mit Puderzucker. Siehe Abbildung!

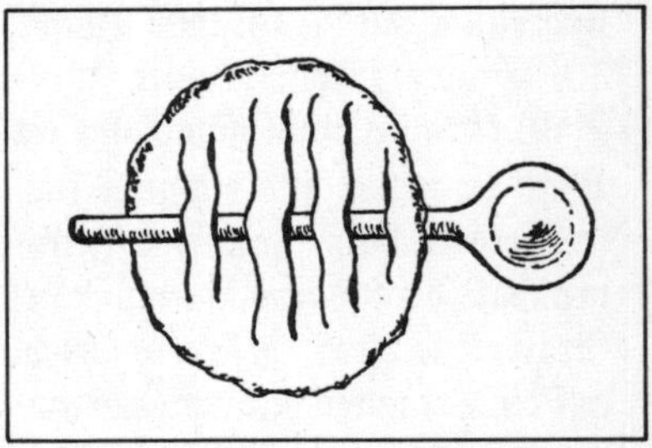

Niederbayrisches Kindsmus

½ l Milch, 1 Eigelb,
Zucker nach Geschmack,
3 gehäufte EL Mehl

In einer Tasse macht man aus etwas Milch und Mehl ein Teiglein und rührt dieses in die restliche Milch. Unter ständigem Rühren solange auf kleiner Flamme kochen, bis es ein dickflüssiger Brei ist. Eigelb und Zukker darunterrühren und mit Kompott nach Jahreszeit servieren.

Semmelnudeln

8–10 Eierweckerl vom Vortag,
2 EL Zucker, Zimt, 1 l Milch,
2 Eier, 100 g Butter

Semmeln von allen Seiten leicht abreiben und in zwei Hälften teilen. In einer Schüssel Milch, Eier und Zucker verquirlen, die Semmelhälften hineinlegen, wenden und gut durchziehen lassen. Nun gibt man sie in die Reine mit zerlassener Butter, gießt den Rest Flüssigkeit dazu, setzt Butterflöckchen darauf und backt sie im Rohr, bis sie schön goldbraun sind.

Zwetschgendatschi aus Mürbteig

300 g Mehl,
200 g Butter oder Margarine,
100 g Zucker, 2 Eigelb,
geriebene Zitronenschale,
1½–2 kg Zwetschgen,
Zimt und Zucker zum Bestreuen

Das Mehl auf ein Brett sieben, in die Mitte eine Mulde drücken, in diese Zucker, Eigelb und etwas abgeriebene Zitronenschale geben und alles gut mit den Händen verkneten. Die Butter in Flöckchen dazugeben. Alles rasch zu einem Teig verarbeiten und diesen mindestens eine Stunde im Kühlschrank ruhen lassen. Inzwischen die Zwetschgen waschen und entsteinen. Dabei die Früchte der Länge nach halbieren, jedoch nicht ganz durchschneiden, so daß sie sich aufklappen lassen. Auf ein Sieb zum Abtropfen geben. Den Teig nach der Ruhezeit dünn ausrollen und ein Kuchenblech damit auslegen. Schuppenartig dicht mit Zwetschgen belegen und ca. 25 Minuten bei Mittelhitze backen. Mit Zimtzucker nach Geschmack bestreuen.

Aschaffenburg
Unterfranken
Schweinfurt
Würzburg
Coburg
Kulmbach
Oberfranken
Hof
Marktredwitz
Bamberg
Bayreuth
Weiden
Oberpfalz
Erlangen
Fürth
Rothenburg o.d.T.
Nürnberg
Mittelfranken
Ansbach
Cham
Regensburg
Zwiesel
Straubing
Niederbayern
Passau
Nördlingen
Donauwörth
Ingolstadt
Landshut
Augsburg
Mühldorf
Schwaben
München
Landsberg
Oberbayern
Memmingen
Kempten
Rosenheim
Traunstein
Bad Tölz
Tegernsee
Lindau
Oberstdorf
N
W
O
S

Franken und Oberpfalz

Spezialitäten aus Franken

»Nun reicht mir Stab und Ordenskleid
Der fahrenden Scholaren –
Wir woll'n zur schönen Sommerszeit
Ins Land der Franken fahren ...»

Recht hout er ghabt, der Dichter Viktor v. Scheffel, wöi er des g'schriebn hout. Denn wer Frank'n *werkli* kennt, der mouß gern ham, ob er will oder net.
Es setzt si zamm as Mittel-, Ober- und Unterfranken, mit seini jeweili'n Hauptstädt Närnberg, Bamberg und Würzburg. Döi drei Franken senn su verschieden wöi oft drei Geschwister senn! In der Landschaft, im Klima, im Wesen der Leit und ihrer Schprouch. Su haßt z.B. der Main in Würzburg »Mee« und in Bamberg »Maa«. Durch Närnberg oaber flöißt die Pegnitz, und döi haßt »Pengätz«. Wal der goldne Mittelweg immer der best is, redn mer etz halt mittelfränkisch, d. h. närnbergerisch. Des verschtäiht mer nu am bestn, und außerdem is die närnberger Mundort durchn Hisel Herbertla weltberihmt worn. Ka Wunder, denn

Unsa Muttaschprouch,
des is die schönste Schprouch –
unsa Muttaschprouch vom
Pengätzschtrand!
Und döi macht uns aa
su leicht ka Fremder nouch –
douzou is er net gnouch
vichalant! (= wendig)

Daß die Närnberger »Päiterlesboum« haßn, kummt douher, daß hier der Päiterla su gout gedeiht, und ihr Leibessn »Päiterla mit Schwemmkniedla« is.
Ober sie denkn net blouß ans Essen, und wöi der Club gschpillt hout. Na na, die Närnberger interessiert alles, wos in der Welt g'schiecht, sie senn aafgweckt,

Nürnberg. Radierung, Matthäus Merian, 1648.

ober a bißla »eig'n«, d. h. net glei mit Jedn per Du. Sie mög'n a weng an Abstand. Allerdings – in der Schtraßenbahn häirt si des aaf, wenn oubnds a rechts Gwerch is, und alles durchananander porzelt. Ober des nemmas net krumm –

Und unsri Trambahnschaffner
senn freindli und su gout:
»Etz ruckens doch a bißla,
ja, Sie – mit dem Trumm Hout!
Sie ham ja nu kan Foahrschei?
Ja gits denn suwos aa?
Und Sie senn ganz falsch
ei'gschtiegn –
Mir foahrn nach Ziegelschtaa!«

Also, wöi gsagt, Franken insgesamt is schöi – und jeder, der wou a weng a Gmöit und an Verschtand hout, der find hier alles, wos sei Herz begehrt: Täler mit gröini Wiesn und goldgelbi Felder; töifi Wälder; Berg mit romantische Felsen und Ruina; Burgen, Schlösser und uralti Kapelln.
Er siecht fleißige Städt, ihre reichn Kunstschätz, Körchn und Museea. Denn Kinstler houts in Franken scho sei Leta'* gebn – i sog blouß a poar Nama: Albrecht Dürer, Adam Kraft, Veit Stoß, Balthasar Neumann, Tilmann Riemenschneider – es gebet nu vill andere!
Aa schmucki Dörfla gits mit schöini Fachwerkgiebl, alti Brunna und Bauerngärtla mit Ritterschporn, Rosn und Sonnabluma. Wou er aa hiekummt, überoll find er a freindlis Wertshaus, an saubern Gasthuf oder a flotts Hotel, wou er die fränkischen Leibspeisn kröigt – und derzou a gouts Böir oder an herzhaften Schoppen. Es wachst ja alles, wos mer braucht: in Mittelfranken der Hopfn, in Oberfranken die Gerschtn, und in Unterfranken die Traubn. Damit die Fremdn dann ober aa daham amol su a fränkischa Schpezialität kochn könna, verroutn mer gern a poar Rezepta – ober scho houchdeitsch, damit nix passiert! Lous gäihts:

Vielgliedrig und buchtenreich von südlichen und nördlichen Meeren umspült, von gewaltigen Gebirgsmassiven durchzogen, von launischen Winden und Stürmen durchweht, zu fruchtbaren Ebenen und Tälern sich weitend, sich hinter riesigen Forsten verschließend, ist EUROPA zur Wiege des Abendlandes geworden.
Nirgendwo anders auf Erden hat der Mensch eine buntere Palette

* Lebtag

von Lebensarten, vielfarbigen Stilepochen und Kulturformen hervorgebracht als auf der europäischen Halbinsel. In der genauen Mitte dieses irisierenden Spektrums von Landschaften und Feldkulturen, von Städteansammlungen und Staatengebilden, inmitten dieser Schlemmerküche von Geschmäckern und Düften, genau in der Mitte zwischen Paris und Wien, genau zwischen Madrid und Moskau und gleich weit von London, Rom und Warschau, gleichweit von Mittelmeer, Adria und Nordsee, Ostsee, in der genauen Mitte liegt das liebe unbekannte Franken.

Im Zentrum Europas, das ohne Mitte ist, liegt sein echtes Kind, das Frankenland ohne Mitte. Es hat von allem etwas. Letzte Ausläufer von allen Richtungen haben sich hier gebrochen und im letzten Auffang, oft in letzter Vollendung vermischt mit fränkischer Art und Bodenständigkeit wunderbar niedergeschlagen. – Franken ist der weite Innenhof Europas, in dem sich alle Winde fangen.

Ja, Franken ist vielgestaltig. Altbaiern bildet auch hinsichtlich seiner Bevölkerung ein ziemlich geschlossenes Ganzes, aber zwischen einem Würzburger aus dem heiteren Mainfranken, das schon dem alten rheinländischen Kulturkreis angehört und einem Wunsiedler aus dem abgelegenen und abgeschiedenen Fichtelgebirge liegen Welten. Das gilt natürlich auch für die Küche des Frankenlandes: Mittel- und Unterfranken bieten eine patrizischbehäbige Küche, in Oberfranken und in der Oberpfalz, die ja mit einem Ausläufer noch in den Bayerischen Wald hineinragt, sind die Tafeln nicht so reichlich gedeckt. Aber zu genießen verstehen sie alle, die Franken!

Suppen

Saure Rädla

5–6 Kartoffeln, 1 Stange Lauch, Petersilie, 1 Schuß Essig, 2 gelbe Rüben, ½ Knolle Sellerie, Salz, Pfeffer, Majoran, Muskatnuß, 60 g Butter, 2 EL Mehl, 1 Brühwürfel

Kartoffeln und Suppengemüse waschen, Kartoffeln, gelbe Rüben, Lauch in dünne Scheiben schneiden, Sellerie würfeln. In gut 1 l Wasser zusetzen, mit Salz, Pfeffer, Muskat, Majoran und einem Brühwürfel würzen und weichkochen. Aus Butter und Mehl eine Einbrenne (Mehlschwitze) machen, die Suppe darangießen, Essig dazugeben und noch einmal kurz durchkochen. Gehackte Petersilie darüberstreuen und Bauernbrot dazu reichen.

Spargelsuppe

Spargel (Suppen- oder Brechspargel) putzen, in fingerdicke Stücke brechen und in 1½ l kochendes Wasser geben. Aus 40 g Mehl und 40 g Butter oder Margarine eine helle Einbrenne (Mehlschwitze) machen, mit Ei legieren und eventuell mit gerösteten Semmelbröckchen anrichten.

Bratwurstsuppe
(aus einem „Nürnbergischen Kochbuch" aus dem Jahr 1721)

Laß ein gebähet Brot in einer Fleischbrüh sieden / wanns weich ist / treibs durch einen Seiher / wirff Ingwer / Pfeffer / Muskahtenblüh / und ein Stück Butter darein / laß noch einmal auffsieden / brate indessen Bratwürste ab / schneide dieselben zu kleinen Stücklein / lege sie auf gebähete Brotschnitten / richte die erstbesagte Brüh darüber / reibe eine Muskathnuß darauf / und trag sie zu Tisch.

Oberfränkische Brennsuppe

600–750 g Mark- und Suppenknochen, 2 kleine Zwiebeln, 1 Bund Suppengrün, 50 g Schweinefett, Salz, Pfeffer, Würze nach Geschmack, 1 EL Kümmel, gestoßen –
Zum Anbräunen:
40 g Schweineschmalz, 50 g Mehl, frisch gemahlener Pfeffer, Weißbrotwürfel

Die Mark- und Suppenknochen waschen. Das Schweineschmalz im Topf heiß werden lassen und das zerkleinerte Suppengrün, Zwiebeln, zerstoßenen Kümmel und Knochen dazugeben. Kräftig anbraten. Danach Wasser aufgießen, kräftig umrühren und würzen. Die Brühe ca. drei Stunden auf kleiner Flamme köcheln lassen. Durch ein Haarsieb abseihen. Im heißen Schmalz das Mehl ziemlich dunkel anbräunen und diese Einbrenne mit dem Schneebesen in die Brühe einrühren. Noch einmal kräftig aufkochen und nach Geschmack würzen. Geröstete Weißbrotwürfel in die Suppenteller geben und mit kochender Suppe auffüllen.

Grieß-Schwemmklößchensuppe mit Peterle

20 g Butter, ca. 50 g Grieß, 1 Ei, Salz, Petersilie, 1½ l Fleischbrühe

Aus Butter, Ei, kleingehackter Petersilie, Grieß einen Teig herstellen, etwas ziehen lassen und mit befeuchteten Löffeln Schwemmklößchen abstechen. In kochende Fleischbrühe geben, 10 Minuten kochen und dann ziehen lassen. Viel mit etwas Butter geröstete Petersilie – Peterle – darüber geben!

Fränkische Panadensuppe

2–3 alte Semmeln, 3 Eidotter, 50 g Butter, 1–1½ l Brühe, ⅛ l Sahne, Schnittlauch, Salz, Pfeffer, Muskat

Die Semmeln reibt man auf einem Reibeisen zu Bröseln, röstet sie in Butter schön gelb und streut sie in die heiße Fleisch- oder Knochenbrühe. Kurz kochen lassen, abschmecken und Eidotter und Sahne darunterziehen. Mit Schnittlauch bestreut servieren.

Kartoffelsuppe aus dem Frankenland

500 g Bauchspeck, 2 Zwiebeln,
2 Stangen Lauch, 2 gelbe Rüben,
500 g Kartoffeln, 1/2 Knolle Sellerie,
1/8 l saurer Rahm, Salz, Pfeffer,
Majoran

Das Gemüse und die Kartoffeln schälen bzw. waschen, in kleine Stücke schneiden und mit dem Bauchspeck in 1–1 1/2 l Wasser weichkochen. Gut würzen! Wenn das Fleisch weich ist, in kleine Stücke schneiden und wieder in die Suppe geben. Mit saurem Rahm verfeinern. Die Suppe wird in einer großen Schüssel angerichtet und mit gerösteten Brot- oder Semmelbröckchen serviert.

Erbssuppe mit Bratwurst, mittelfränkisch

Bereiten Sie eine Erbsensuppe (Beutel). Inzwischen schneiden Sie 4 rohe Bratwürste der Länge nach auf oder drücken das Gehäck einfach heraus, formen daraus kleine Kugeln – ohne weiteres Gewürz – und geben diese in die kochende Erbssuppe. Nach 5 Minuten sind sie gar, und die Suppe schmeckt sehr kräftig.

Hutzelbrüh mit grüna Backes, oberfränkisch

Die Hutzeln (gedörrte Birnenhälften) abends einweichen. Anderntags im Einweichwasser mit Zucker, Zimtstange und einer Zitronenscheibe kochen, bis die Früchte weich sind. Man kann die Sauce mit Mehl oder Stärkemehl binden. Dazu gibt es »grüna Backes«, das sind Kartoffelpuffer aus rohen Kartoffeln. Auch Kartoffelbrei paßt statt der Backes dazu.

Peterl-Suppe

2 Bund Petersilie, 50 g Butter,
2 EL Mehl, ca. 1 l Brühe,
etwas Rahm, Salz, Pfeffer,
Muskat, etwas Zucker,
2 Eigelb zum Legieren

Petersilie waschen und fein hakken. Aus Butter und Mehl eine helle Schwitze bereiten, Brühe aufgießen, würzen und gut durchkochen. Petersilie dazugeben, kurz weiterköcheln lassen und mit Rahm und verquirltem Eigelb verfeinern.

Sauerkrautsuppe

Für die Brühe:
500 g Rinds- oder Kalbs- und Markknochen, 1–1½ l Wasser,
1 Karotte, 1 Stück Lauch,
1 Stück Sellerie,
1 Petersilienwurzel mit Grünem,
1 Zwiebel, Salz, Pfeffer, Majoran

Dazu:
30 g Schweineschmalz,
500 g Sauerkraut,
2 mittelgroße Kartoffeln,
1 große Zwiebel, Kümmel,
Fondor oder Aromat, Salz, Pfeffer, Paprika

Die Knochen vom Metzger möglichst klein hacken lassen, mit Wasser und Gemüse kalt zusetzen und in 2–3 Stunden eine kräftige Brühe kochen. Schweineschmalz in beschichteter, tiefer Pfanne zerlaufen lassen, die Zwiebel fein hacken und in dem heißen Fett glasig dünsten. Das Sauerkraut mit den feingeriebenen, rohen Kartoffeln vermengen, mit Kümmel würzen und mit in die Pfanne geben. Etwa 45 Minuten köcheln lassen. Die Brühe durchsieben, das Sauerkraut hineingeben und mit Salz, Pfeffer, etwas Paprika, Fondor oder Aromat nachwürzen.

Aschaffenburger Originalrezept von Karl Seubert:

Kurioses aus dem Kochbuch meiner Vorfahren von 1793 – noch heute gültig

Suppe à la Reine

Verdämpfe in einem Stück Butter ein gut Stück oder ein Pfund Rindfleisch oder Beiner vom Geflügel, was man hat, schneid's in Stücklein, samt einem Zwiebel, Cellerichwurzel, gelbe Rüben, Peterlingwurzel, weiße Rüben, wenn man hat auch ein Stücklein Schunken. Wenn dieses wohl gedämpft und in der Kachel recht gelb ist, schneide einen Kreuzerwecken darein, schütte gute Fleischbrühe daran, laß es wohl aneinander kochen, treib es durchs Haarsieb und richte es über das geschnittene und im Schmalz gebachene Milchbrod an. Man kann auch etwas Carviol, Prißlen, Mägen etc. daran thun.

Fleisch und Wurst

Fränkischer Schweinsrücken

1 kg Schweinsrücken, Salz,
Kümmel, Majoran,
feingewiegtes Peterle (Petersilie),
1 Tasse Wasser, 1 Zwiebel,
1 Scheibe Brot, 1 Schuß Weißwein,
Fleischwürze

Man löst das Fleisch vom Rückgratknochen (Metzger!) und reibt es mit Salz, Kümmel, Peterle und Majoran gut ein. Das Fleisch auf den Grillrost legen, in die Grillpfanne Wasser, die zerhackten Knochen, Salz, Zwiebel, die Brotscheibe geben. Unter häufigem Begießen das Fleisch garen. Die Sauce durch ein Sieb streichen, mit dem Wein und der Fleischwürze abschmecken. Dazu gehören rohe Klöße oder Krautsalat.

Nürnberger Sauerbraten mit Lebkuchen

1 kg Ochsenfleisch (Schulter,
Schlegel), Essigbeize aus:
2–3 l Wasser, ½–1 l Essig,
2 Zwiebeln, mit 4 Nelken besteckt,
Zitronenscheibe, Salz,
Pfefferkörner, Lorbeerblatt,
2 gelbe Rüben, 1 Stück Sellerie,
1 Peterlewurzel (Petersilienwurzel),
50 g Mehl, 50 g Fett,
1 Saucenlebkuchen, Prise Zucker

Man legt das Fleisch 2 Tage in die Beize. Dann nimmt man es heraus, läßt die Beize zum Kochen kommen, gibt das Fleisch mit dem Saucenlebkuchen hinein, bis es weich ist (1½–2 Stunden). Aus Fett, Mehl und Zucker bereitet man eine dunkle Einbrenne (Mehlschwitze), füllt mit Beize auf, schmeckt ab und passiert sie. Das Fleisch, in Stücke geteilt, wird nochmals kurz darin aufgekocht. Sehr gut dazu schmecken Seidene Klöße.
Etwas verfeinert, aber ähnlich zubereitet wird

Rindfleisch in Weinsauce

1 kg Rindfleisch (Lende oder Rose),
1 Saucenlebkuchen, 80 g Fett
Zur Beize: *gut ½ l Rotwein,*
2 Nelken, 2 Lorbeerblätter, Salz,
Pfeffer, etwas Zitronensaft

Das Rindfleisch wird 2–3 Tage in die Beize aus Wein, Nelken und Lorbeerblättern gelegt und jeden Tag einmal gewendet. Dann brät man das Fleisch in heißem Fett auf beiden Seiten gut an, streut Zucker und eine Handvoll Saucenlebkuchen (gerieben) darüber, gießt mit einem Teil der Beize auf und läßt das Fleisch weichdämpfen. Die Sauce wird abgeschmeckt und mit Zitronensaft verfeinert. Dazu gibt's Teigknödel und junges Gemüse.

Schweinsschlegel auf Nürnberger Art

(für 12 Personen)

1 Schweinsschlegel, Salz,
Pfeffer,
70 g Saucenlebkuchen,
½ l Wasser

Nürnberg, die Lebkuchenstadt, verwendet den würzigen Kuchen auch in der Küche. Alte Nürnberger sagen dazu »Rümpflkäs«.
Man hackt vom Schlegel den unteren Knochen weg und löst das Schlußbein heraus. (Dieses Bein, mit hübsch viel Fleisch daran, extra gebraten, ist des Nürnbergers Leibgericht, und er nennt es zärtlich »a Schäufala«.) Dann wird der Schlegel gewaschen, mit Salz und Pfeffer eingerieben und 1–2 Tage kühl gelegt. Nun erst wird er weich gebraten. Inzwischen reibt man den Lebkuchen fein auf. Man zieht dem Schlegel die Haut ab und gibt ihn wieder in die Reine. Die Tunke wird entfettet und wieder über den Braten gegeben. Sobald dieser wieder ganz heiß ist, streut man von den Lebkuchenbröseln drauf und überbäckt ihn im Rohr. Dann wird er vorsichtig mit Tunke übergossen, wieder bestreut und gebacken, und ebenso verfährt man ein drittes Mal. Der Schlegel ist fertig, wenn er eine schöne braune Farbe hat. Die Tunke nach Bedarf noch mit etwas Wasser verdünnen, durch ein Sieb geben und extra zum Braten reichen.
Man kann auch sog. »braune« Lebkuchen verwenden, die von Weihnachten übriggeblieben sind. Diese schmecken sogar feiner als Saucenlebkuchen.

Lammfleisch mit jungem Hopfen

750–1000 g Lammfleisch, Salz, Pfeffer, 1–2 EL Mehl, 80 g Butter, 1/4 l Brühe, 500 g Hopfensprossen, 1 Zwiebel, 2 Nelken, 2 Zitronenscheiben, 2 Eidotter, 1/8 l Sahne

Lammfleisch waschen, in kleine Stücke hacken, würzen und in heißer Butter anbraten. Mehl daranstäuben, wenden und mit Fleischbrühe aufgießen. Zwiebel, mit Nelken besteckt, und Zitronenscheiben dazugeben, weichdünsten.

Wenn das Fleisch gar ist, die gewaschenen Hopfensprossen dazugeben, Eidotter und Sahne darunterziehen und noch kurz nachkochen.

Aschaffenburger Originalrezept

Spessarter Schwitz-Gulasch

720 g Rindergulasch (Schulter), 40 g Pflanzenfett, 5 Schalotten, 1/2 l Rinderbrühe, 2 EL Mehlbutter, 4 mittelgroße Karotten, eine kleine Stange Lauch, Petersilie, frischgemahlener schwarzer Pfeffer, Salz, Muskat, je 1 TL Rosmarin, Thymian und Liebstöckel, feingehackt

Die in Scheiben geschnittenen Schalotten werden mit den gewaschenen Rindfleischwürfeln in Pflanzenfett angedünstet und gewürzt. Solange auf kleiner Flamme kochen lassen, bis keine Flüssigkeit mehr vorhanden ist. Jetzt mit der erhitzten Brühe auffüllen und ca. 45 Minuten zugedeckt schwitzen lassen. Nach Ende der Garzeit mit Mehlbutter binden. Die in Scheiben geschnittenen Karotten und der Lauch werden nach 3/4 der Garzeit hinzugefügt.

Als Beilagen eignen sich Nudeln und Feldspinat oder Salate.

„Gefüllte Kalbsohren"

»Wenn die Ohren recht schön gewaschen sind, so siede sie im Wasser mit einem Zwiebel und ein wenig Speck und Salz; wenn sie waichgesotten, so schmiere sie mit einem Ey, inwendig fülle gleich eine Farse, wovon di willt, hinein, drucke sie ein wenig zusammen, kehre sie im Ey um und im Semmelmehl, bache sie im Schmalz und gib sie auf den Tisch.«

Nürnberger Bratwurst

»Broutwärscht« kann der Einheimische zu jeder Tageszeit essen. Entweder fingerlang – wovon man ein Dutzend zwingt – oder normal – da genügen drei –, werden sie am besten mit Kraut auf Zinntellern serviert. Die »echten« werden über Buchenholzkohle auf dem Rost gebraten. Als »Nürnberger Rostbratwürste« werden sie in Dosen in alle Welt versandt. Natürlich lassen sie sich auch in der Stielpfanne braten (man wälzt sie vorher zweckmäßigerweise in kalter Milch, damit sie nicht platzen). Man kann sie auch mit Kartoffelsalat oder Meerrettich zu Tisch geben.

Saure Zipfel

4–6 große Schweinsbratwürste,
1 Tasse Essig, 2 Zwiebeln, Salz,
1 EL Zucker, 2 Lorbeerblätter

Aus ungefähr einem Liter Wasser, Salz, Zucker, Lorbeerblättern, Essig und Zwiebelringen einen Sud herstellen, aufkochen lassen und vom Herd ziehen. Die Würste hineingeben und gut 15 Minuten ziehen lassen. Würste in eine Schüssel geben, einen Teil des Sudes mit allen Zwiebeln darübergeben und mit Bauernbrot servieren.

Nürnberger Gwerch

250 g Nürnberger Stadtwurst,
weiße und rote gemischt,
250 g Preßsack, weißer und roter
gemischt, 2–3 Zwiebeln, Essig, Öl,
Salz, Pfeffer

Von der Stadtwurst die Haut abziehen und in dünne Scheiben schneiden, Preßsack ebenfalls in Stücke schneiden und mit viel in Scheiben geschnittenen Zwiebeln in Essig, Öl, Salz und Pfeffer und etwas Wasser anmachen. Durchziehen lassen!

Bratwurst in Bier

4–6 Bratwürste, 1/4 l dunkles Bier, 1 EL Mehl, Salz, Pfeffer, nach Geschmack etwas Majoran, Bratfett

Will man sicher gehen, daß die Würste beim Braten nicht platzen, legt man sie entweder vorher kurz in kalte Milch oder in heißes Wasser. Dann trocknet man sie ab und brät sie in Schweinefett von allen Seiten schön hellbraun. Man legt sie auf eine vorgewärmte Platte, stäubt einen EL Mehl an das Bratfett, würzt mit wenig Salz, Pfeffer und nach Geschmack mit etwas Majoran und löscht mit dem Bier ab. Kurz durchkochen und über die Würste gießen. Dazu ißt man in Franken Sauerkraut und Kartoffeln oder Bauernbrot.

Leberkäse, mittelfränkisch

ißt man hierzulande auch sehr gern, häufig mit einem Ei darüber und dazu Kartoffelsalat. Man kann ihn auch selber machen – in Mittelfranken kommt allerdings, im Gegensatz zu Oberbayern, wirklich Leber in den »Käs«:

500 g Rind- und 500 g Schweinehack, 200 g Leber, durchgedreht, 40 g Speck, 1 Zwiebel, feingehackt, 1 l Milch, 100 g Mehl, 2 Eier, Salz, Pfeffer, Majoran

Den geräucherten Speck feinwürfelig schneiden, glasig braten, feingeschnittene Zwiebel darin glasig dünsten, Hackfleisch dazugeben. Unter kräftigem Rühren nach und nach die Milch daruntermischen, dann Mehl, Eier und Gewürze untermengen und tüchtig verkneten. Den Teig in eine Kastenform geben, mit Wasser glattstreichen und im Rohr etwa 2 Stunden braten.

Fränkische Schlachtschüssel

– ist ebenfalls eine deftige Gaumenfreude. Sie besteht, ähnlich wie die Münchner, aus Sauerkraut, je einer Blut- und Leberwurst und dazu einer Bratwurst. Außerdem noch ein Stück Kesselfleisch und eine Scheibe Landbrot. Und hinterher ein fränkischer Zwetschgenschnaps – damit sich's verteilt.

Bamberger Krautsbraten

1 mittelgroßer Kopf Weißkraut,
80 g Schweineschmalz,
1 kleingeschnittene Zwiebel, Salz,
1 Lorbeerblatt, 1 Gewürznelke –
dazu: je 150 g Rinder- und Schweinehack,
150 g würflig geschnittenes Schweinefleisch oder Bratenreste,
Salz, Pfeffer –
50 g in dünne Scheiben geschnittener Speck,
2 EL saure Sahne

Den sauberen Krautkopf gibt man in heißes Wasser und löst 6–8 große Blätter ab. Das restliche Kraut schneidet man in kleine Würfel und dämpft diese in heißem Fett mit Zwiebel, Salz, Lorbeer und Nelke weich. Eine gut gefettete Bratpfanne mit 3–4 Krautblättern auslegen, das gedünstete Kraut mit dem Hackfleisch, den Fleischwürfeln sowie Salz und Pfeffer gut mischen und den Teig als Laib auf die Krautblätter legen. Er wird mit den restlichen Blättern bedeckt, diese mit Speckscheiben belegt und mit der Sahne bestrichen. Man bäckt den Braten eine Stunde im Rohr und schneidet ihn dann auf. Kartoffelsalat schmeckt gut dazu.

Altbürgermeister Nusch-Pastete

Das romantische mittelalterliche Städtchen Rothenburg ist eine Frankenreise wert! Und wenn Sie einmal dort sind, kehren Sie in dem idyllisch-behäbigen Kleinen Hotel in der Burggasse ein, wo Küchenmeister und Schriftsteller Adam seinen Gästen diese Rothenburger Spezialität serviert – benannt nach dem Bürgermeister Nusch, der im Dreißigjährigen Krieg die Stadt vor Brandschatzung und Zerstörung rettete.
Trinken Sie dazu den köstlich blumigen Weikersheimer Schmecker – einen der feinen Tauberweine!

200 g Blätterteig, selbstgemacht oder aus der Tiefkühltruhe,
4 dünne Scheiben Schweinefilet à ca. 60 g,
4 dünne Scheiben Rinderfilet à 60 g,
4 dünne Scheiben Kalbsfilet à ca. 60 g,
4 EL Zwiebelwürfel, angedünstet mit 1 EL Butter und
4 EL Speckwürfel mager sowie
4 EL gehackte Geflügelleber und
1 EL gehackte Petersilie –, Salz, Muskatnuß, Pfeffer,
Eigelb zum Bestreichen

Den Blätterteig messerrückendick ausrollen, 4 runde Platten à 12 cm

Ochsenmaulsalat

1000 g Ochsenmaul,
1 Stück Lauch, 1 gelbe Rübe, Salz, Pfeffer, Essig, Öl, 2 Zwiebeln,
1 Stück Sellerie,
ein paar Pfefferkörner, Lorbeerblatt

Das Ochsenmaul wird sauber gewaschen und alle dunklen Stellen entfernt. Dann kocht man es in Salzwasser mit dem Suppengrün, Lorbeerblatt und den Pfefferkörnern weich. Anschließend läßt man es auskühlen, schneidet

aus dem Kleinen Hotel,
in Rothenburg ob der Tauber,
serviert vom Fernsehkoch
Hans-Karl Adam

Durchmesser, 4 runde Scheiben à 16 cm Durchmesser und (mit gezacktem Ausstecher) 4 runde Scheiben à 4 cm Durchmesser ausstechen. Die 12-cm-Scheiben als Boden belegen mit je einer gewürzten Rind-, Kalbs- und Schweinefiletscheibe, dazwischen jeweils die erkaltete Mischung aus angedünsteter Zwiebel, Speck, Geflügelleber, Butter und Petersilie streichen. Über diese Füllung die 16 cm große Blätterteigscheibe legen, Rand mit Ei bestreichen, decken, vorsichtig andrücken, damit beide Teigränder die Füllung dicht umschließen. Die Kuppeln mit Ei bestreichen und die 4 cm große Scheibe darauf setzen, ebenfalls mit Ei bestreichen. Auf ein mit Alustar (Alufolie) belegtes Backblech setzen und bei 200 Grad 15 Minuten backen. Nach 10 Minuten den Deckel abnehmen, ohne die Kruste zu verletzen, und noch 5 Minuten backen lassen.
Jede Pastete auf einen angewärmten Teller legen, oben mit einem Küchenmesser einen kleinen Schlitz einschneiden, etwas Weinbrand hineinträufeln und mit Champignons in Sahne bedecken. Als Abschluß den goldgelben Blätterteigdeckel darauf setzen. Mit Salatblättern und Tomatenecken garnieren.

es in dünne Scheiben und gibt es in eine Schüssel. Man vermischt es mit der in Scheiben geschnittenen Zwiebel und gibt die Salatsauce aus Essig, Öl, Salz, Pfeffer und etwas Wasser darüber. Der Ochsenmaulsalat sollte einen Tag durchziehen.

Stadtwurst mit Senf

Nürnberger Stadtwurst schmeckt auch sehr gut gebraten am Holzkohlenrost oder heißgemacht, mit Senf und Bauernbrot.

Stadtwurst mit Musik

500 g Nürnberger Stadtwurst, Essig, Öl, Salz, Pfeffer, 2 Zwiebeln

Von der Stadtwurst zieht man die Haut ab, schneidet sie in dünne Scheiben und macht sie mit viel Zwiebelringen in Essig, Öl, Salz, Pfeffer und etwas Wasser an. Gut durchziehen lassen und Bauernbrot dazu reichen.

Aschaffenburger Originalrezept

Spessarter Wildschweinschinken mit Aschaffenburger Apfelsalat

20 Scheiben Wildschweinschinken
Für den Apfelsalat:
5 herbe Äpfel, 1 Zitrone, 250 g Crème fraîche (fertig gekauft oder selbstgemacht, s. u.), weißer Pfeffer, Worchestersauce, 1 Prise Zucker, Salz

Einige Apfelspalten für die Garnitur zurückbehalten, dazu entkernte Kirschen nehmen.

Den Wildschweinschinken dekorativ auf einer Platte anrichten. Die Äpfel schälen, raspeln und mit Zitrone beträufeln. Die Crème fraîche dazugeben, mit Pfeffer, Worchestersauce, einer Prise Zucker und wenig Salz abschmecken und mit den Apfelspalten und den Kirschen garnieren.

So stellen Sie Crème fraîche selbst her: Süße und saure Sahne zu gleichen Teilen vermischen und zwei Tage bei Zimmertemperatur stehen lassen. Des öfteren umrühren. Um einen kräftigeren Geschmack zu erreichen, einen kleinen Doppelrahmkäse passieren und unter die Crème ziehen, jedoch mehrmals abschmecken, bis der gewünschte Geschmack erreicht ist.

Tip zum Anrichten: Den Apfelsalat schön formen und zur Dekoration mit einem Messerrücken Rillen einziehen. Wenn man den Wildschweinbraten halbrund angeordnet hat, den Apfelsalat in den Halbkreis geben, um mit der Garnitur ein gefälliges Bild zu erhalten.

Aschaffenburger Originalrezept

Fränkisches Pilzgericht mit lockeren Semmelknödeln

1 kg frische Pilze,
wie z. B. Pfifferlinge, Steinpilze,
Maronen, Champignons oder helle
Mischpilze, 100 g Dörrfleisch,
ca. 250 g feingehackte Zwiebeln,
1 EL Petersilie, Schnittlauch, Dill,
Pfeffer, Salz, 2 EL Margarine,
2 EL Mehl, 1/8 l Frankenwein,
1/4 l Sahne, Muskat

Dörrfleisch in feine Würfel schneiden und mit den gehackten Zwiebeln vermischen. Margarine in einer Pfanne zerlassen, Zwiebeln und Dörrfleisch darin anschmoren, die Pilze dazugeben und einige Minuten kochen lassen. Anschließend mit Mehl bestäuben und mit dem Frankenwein ablöschen. Nun die Sahne hinzufügen. Mit Salz, weißem Pfeffer und Muskat abschmecken und die Kräuter – gehackte Petersilie, Schnittlauch und Dill – dazugeben. Sollte die Masse zu breiig sein, mit etwas klarer Kraftbrühe verlängern.

Für die Semmelknödel:
8 Semmeln, 3/8 l Milch,
1 kleine Zwiebel, Salz, Muskat,
3 Eier, 20 g Butter,
50 g Dörrfleisch

Semmeln in Würfel schneiden und mit der kochenden Milch übergießen, zudecken und 30 Minuten durchziehen lassen. Dörrfleisch und Zwiebeln fein würfeln, in Butter anschmoren, die gehackte Petersilie zugeben und einige Minuten dünsten. Das Ganze auskühlen lassen, die Eier zugeben und gut vermischen. Mit Salz und Muskat abschmekken. Mit etwas Mehl Knödel formen, in nicht zu konzentriertes, kochendes Salzwasser einlegen und 10 Minuten ziehen lassen.

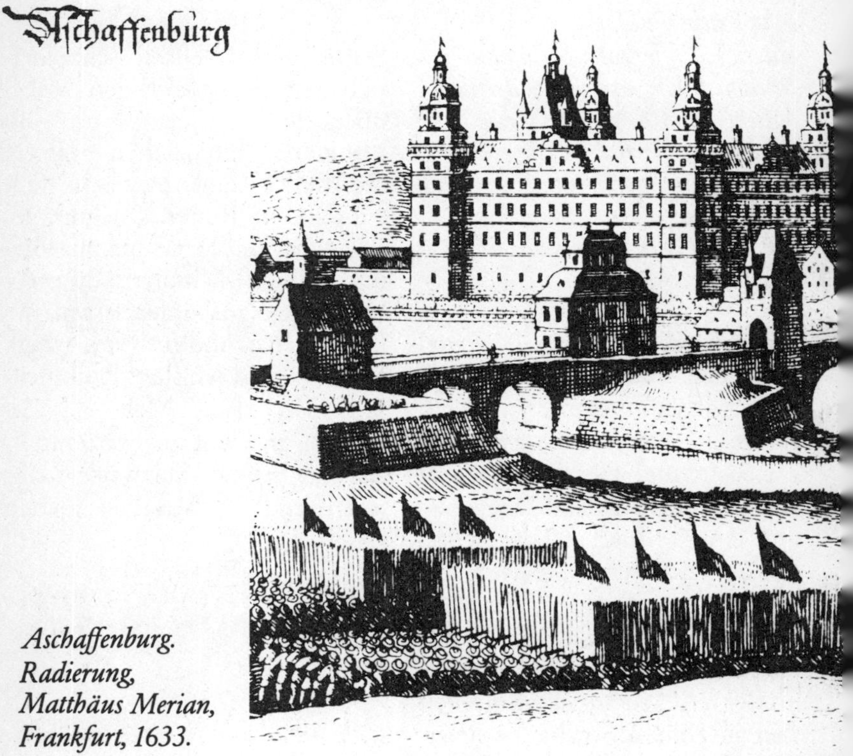

Aschaffenburg.
Radierung,
Matthäus Merian,
Frankfurt, 1633.

Fränkischer Hase

1 ganzer Wildhase (ohne Kopf),
Buttermilch und Essig für die Beize,
1 gelbe Rübe, 1 kleine Sellerieknolle,
1 Stange Lauch,
3 Petersilienwurzeln, Salz, Pfeffer,
½ TL gemahlene Nelken,
6 zerdrückte Wacholderbeeren,
60 g Butter, Fleischbrühe,
Speisestärke,
½ Tasse Frankenrotwein,
½ Tasse saure Sahne, Zucker

Der ausgenommene und gewaschene Hase wird in ein sauberes Tuch eingerollt und in Buttermilch-Essig gelegt, wo er 1 bis 2 Tage im Kühlschrank verbleibt. Dann wird er mit Salz, Pfeffer, gemahlenen Nelken und zerdrückten Wacholderbeeren eingerieben und ringsherum in heißer Butter angebraten. Den Hasen zu drei Vierteln mit heißer Fleischbrühe, der viel Wurzelgemüse beigegeben wurde, bedecken und auf kleiner, aber gleichmäßiger Flamme in etwa 70 Minuten garen. Zum Binden der Sauce wird Speisestärke mit ½ Tasse Frankenrotwein verrührt, und vor dem Anrichten zieht man noch ½ Tasse saure Sahne darunter und würzt nach Geschmack leicht mit Zucker nach.

Federvieh, fränkisch

Gans, gebraten mit Beifuß – Nürnberger Art

Die Gans wird sauber gewaschen, von allen Kielen befreit, innen mit Salz und Pfeffer, außen nur mit Salz eingerieben. In die Gans gibt man viel frischen Beifuß. Nun brät man die Gans im Rohr, wendet und begießt sie öfters mit etwas warmem Wasser. In die Reine legt man eine halbierte Zwiebel und etwas Wasser. Bratzeit ungefähr 1½ Stunden je nach Größe. Ist die Gans fertig, legt man sie kurz auf den Grill, damit sie schön braun und knusprig wird. Dazu reichen Sie rohe Kartoffelklöße oder auch gekochte, je nach Geschmack, und Salate.

Gefüllte Gans

1 magere junge Gans –
Zur Fülle:
500 g Kastanien,
250 g durchwachsener Bauchspeck,
1 Zwiebel, Salz, Pfeffer,
1 Semmel vom Vortag,
etwas Milch,
nach Geschmack Majoran

Die sauber gerupfte, gesäuberte Gans wird innen und außen mit Salz und Pfeffer eingerieben. Die Kastanien kocht man fast weich, schält sie und kocht sie dann nochmals kurz in etwas Milch. Speck und Zwiebel werden durch den Fleischwolf gedreht und mit Salz und Pfeffer, nach Geschmack auch mit etwas Majoran gewürzt. Die Semmel weicht man in Wasser oder Milch ein, drückt sie aus und gibt sie mit den Kastanien zur Fleischmasse. Alles gut vermengen und die Gans damit füllen und zunähen. Nun brät man die Gans unter öfterem Wenden und Begießen mit lauwarmem Wassser gut 2½ Stunden je nach Größe im Rohr, bis sie schön braun und knusprig ist. Die Sauce fettet man ab, gießt noch etwas auf und schmeckt sie ab.

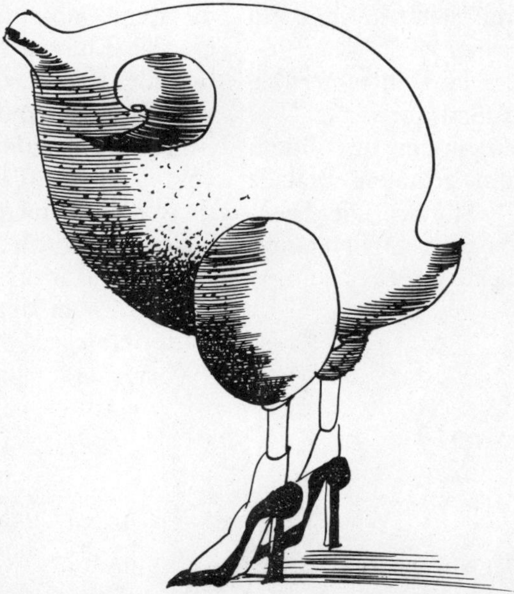

Gefüllter Gockel

1 großer Gockel, 100 g Fett –
Zur Fülle:
2 Semmeln vom Vortag,
1 Zwiebel, Peterle (Petersilie),
Hühnerleber und -herz,
50 g magerer Schinken, 1 Ei,
Salz, Pfeffer

Die Semmeln werden eingeweicht, ausgedrückt und mit kleingehackter, in Butter glasig gedünsteter Zwiebel, Peterle, kleingeschnittener Hühnerleber und -herz, Schinken, Salz, Pfeffer und Ei vermischt. Diese Fülle gibt man in den gut gesäuberten Gockel und näht ihn mit ein paar Stichen zu.
Nun wird er im Rohr unter fleißigem Begießen mit wenig Wasser und Bepinseln mit Butter schön braun gebraten. Bratzeit ungefähr 1 Stunde. Die Sauce wird abgeschmeckt. Bratkartoffeln und Salate dazu reichen.

Gefüllte Täubchen

2–3 Täubchen, Salz, Pfeffer,
100 g Hühnerleber, 1 Zwiebel,
Peterle (Petersilie), 1 Ei,
1–2 Semmeln vom Vortag,
Bratbutter

Die Täubchen werden sauber gerupft, ausgenommen, gesäubert und mit einem Tuch nachgetrocknet, dann mit Salz und Pfeffer innen und außen gut gewürzt. Mit einer Masse aus geschabter Hühnerleber, Ei, gehackter Peterle, gehackter Zwiebel und in Milch eingeweichten und ausgedrückten Semmeln füllen und zunähen. In die Reine gibt man Butter und brät die Täubchen unter öfterem Begießen mit lauwarmem Wasser und Bepinseln mit Butter schön hellbraun. Nach 40–45 Minuten etwa sind die Täubchen fertig; sie werden halbiert und auf einer Platte angerichtet. Die Sauce schmeckt man ab und gießt sie darüber. Dazu gibt es Salate und Kartoffelbrei.

Fisch

Karpfen, gedämpft

1 Karpfen, ca. 1000 g, 80 g Butter,
1/4 l Weißwein, 1 EL Zucker,
1 Tasse geriebene Saucenlebkuchen,
1 Zwiebel, Peterle (Petersilie),
2 Gewürznelken,
etwas Zitronensaft, Salz

Der Karpfen wird geschuppt, ausgenommen, in Stücke geschnitten und eingesalzen. Dann läßt man in Scheiben geschnittene Zwiebel und Petersilie in Butter anlaufen, gibt den Fisch und die Nelken dazu, streut Saucenlebkuchen und Zucker darüber, gießt den Wein dazu, träufelt Zitronensaft darüber und läßt den Karpfen 20 Minuten dämpfen. Die Sauce passiert man durch ein feines Sieb, gießt sie über den Fisch und serviert diesen mit feingehackter Petersilie bestreut und mit Zitronenscheiben garniert.

Nürnberger Karpfen, gebacken

1–2 junge Karpfen, 2 Eiweiß, 2 EL Mehl, Salz, etwas Backfett, etwas Bier

Der Karpfen wird ausgenommen, geschuppt, gewaschen, quer halbiert und eingesalzen. Aus Mehl, einer Prise Salz, etwas Bier und den zu Schnee geschlagenen Eiweiß rührt man einen glatten Teig, wendet die halbierten Karpfen darin und bäckt sie in schwimmendem Fett schön lichtbraun. Dazu gibt es Kartoffelsalat.

Karpfen in Bier

(aus einem alten Kochbuch)

Nachdem der Karpfen gestochen und das Blut aufgefangen ist, wird er geschuppt, gewaschen, am Bauche aufgeschlitzt, das Eingeweide behutsam herausgenommen, der Karpfen gespalten und in hübsche Stücke geschnitten (der Kopf wird gespalten, der Schwanz bleibt ungespalten). Dann bedeckt man den Boden einer Casserolle mit in Scheiben geschnittenen Zwiebeln, streut etwas gestoßenes englisches Gewürz und Nelken darüber, ordnet den Fisch darauf. Streut Salz, etwas Zucker und Lebkuchenbrösel darüber, gibt Zitronenscheiben und ein Paar Lorbeerblätter daran, gießt ein wenig Essig und soviel Weiß- und Braunbier, jedes zur Hälfte, darüber, daß es über dem Fisch steht und kocht denselben auf starkem Feuer gar und kurz ein, bewahrt ihn durch wiederholtes Schütteln der Casserolle vor dem Anbrennen. Zuletzt läßt man ein gutes Stück Butter gelb werden, vermischt es mit dem aufgefangenen Blut, bringt es an die Sauce, kostet ob sie süß, sauer oder salzig genug ist. Tut das Fehlende hinzu und läßt den Fisch noch kurze Zeit kochen. Die Brühe muß eine schöne braune Farbe haben und so kurz eingekocht sein, daß sie, wenn man sie über den angerichteten Fisch gießt, denselben glänzend maskirt. In der Schale gekochte Kartoffeln werden dazugeben, auch ist Rotkohl dazu sehr passend.

Karpfen, blau

1–2 Karpfen, Salz – Essigsud:
Essig, in dem 2 kleine Zwiebeln in Scheiben mitkochten –
Dünstsud: *Essigwasser, Salz, Pfeffer, 1 Zwiebel, 1 Lorbeerblatt, wenige Pfefferkörner, Zitronenachtel oder -scheiben, Butter zum Auslassen*

Lassen Sie den Fisch wieder vom Händler gleich fertig machen, aber nicht halbieren. Spülen Sie ihn zu Hause ab, und salzen Sie ihn innen. Dann legen Sie ihn auf eine Platte, übergießen den Karpfen mit kochendheißem Essigsud und setzen ihn kurze Zeit der Zugluft aus. Dann geben Sie den Karpfen in die Bratpfanne mit dem vorgekochten Fischsud (zwei Finger breit in der Pfanne). Im gut vorgeheizten Rohr muß der Karpfen nun bei mäßiger Hitze dünsten. Er ist gar, wenn sich die Rückenflosse leicht herausziehen läßt.

Wenn Sie ihn zu Tisch bringen, geben Sie etwas vom Sud und Zitronenscheiben auf die Platte. Garzeit im Rohr etwa 35 Minuten, auf dem Herd im Topf gesotten etwa 20 bis 25 Minuten bei kleiner Hitze. Dazu ißt man Salzkartoffeln, gemischte Salate (Sellerie-, Blatt-, Rote-Rüben-Salat) und heiße, zerlassene Butter.

Karpfen, paniert

1 schöner Karpfen, 1000–1500 g, Salz, weißer Pfeffer, Backfett –
Zum Panieren:
2 Eier, Mehl, Semmelbrösel

Der gut geschuppte, ausgenommene Karpfen wird gewaschen und in dreifingerbreite Stücke geschnitten (Kopf und Schwanzflossen entfernt man). Mit Salz und weißem Pfeffer bestreuen und eine Stunde stehenlassen. Dann trocknet man die Stücke ab, wendet sie in verquirltem Ei, Mehl und Semmelbröseln und bäckt sie in heißem Fett lichtbraun. Mit Zitronenhälften garnieren, grünen Salat und Kartoffeln dazu reichen.

Hechtenkraut

750 g Hecht,
500 g gekochtes Sauerkraut,
100 g Butter, 1/8–1/4 saurer Rahm,
1 Tasse Semmelbrösel

Den Hecht etwa 10 Minuten in siedendem Salzwasser garen, häuten, entgräten und in Stücke teilen. Eine feuerfeste Form mit Butter ausstreichen und mit Semmelbröseln bestreuen. Sauerkraut und Fisch schichtweise hineinfüllen und mit Sauerkraut abschließen. Mit Rahm übergießen, mit Semmelbröseln bestreuen und Butterflöckchen daraufsetzen. Das Hechtenkraut 30–40 Minuten im Rohr backen und mit Salzkartoffeln servieren.

Aschaffenburger Originalrezept

Gespickter Weißmainhecht auf Mainflößer Art

1 kg frischer, ausgenommener Hecht,
einige Scheiben Spickspeck,
3 l Fischsud (hergestellt aus
2 l Frankenwein,
1 l Wasser,
1 Stange Lauch, 2 Karotten,
1 Zwiebel,
½ EL weißen Pfefferkörnern,
1 Kräuterbündel aus Estragon,
Dill und Petersilie)
Für die Sauce:
⅕ l süße Sahne, 1 EL Mehlbutter,
⅕ l Fischsud, 4 Schalotten,
in Scheiben geschnitten,
etwas Butter, Worchestersauce,
weißer Pfeffer, 1 Prise Salz
Garnitur:
Spinatbällchen auf
Zitronenscheiben

Den ausgenommenen Hecht schuppen, am Rücken spicken und im heißen Fischsud ca. 15 Minuten wallen lassen. In der Zwischenzeit die in Scheiben geschnittenen Schalotten in der Butter andünsten, mit Sahne ablöschen und mit der Mehlbutter binden. Den Fischsud und die Gewürze hinzufügen und das Ganze einige Minuten kochen lassen. Den pochierten Hecht auf einer vorgewärmten Platte anrichten und mit der Sauce übergießen.
Für die Garnitur Spinat mit feingeschnittenen Schalotten in Butter leicht andünsten, mit Pfeffer, Salz und Muskat abschmecken und kleine Kugeln formen. Mit einem Löffel auf Zitronenscheiben setzen. Beilage: Dampfkartoffeln und eine Salatplatte.

Meefischle (Mainfischlein)

(eine unterfränkische Spezialität)

ca. 1 kg Mainfischlein, Salz, Pfeffer,
Mehl, ca. 1 kg Backfett
(am besten Butterschmalz)

Es sind fingerlange Fischlein, die gewaschen und ausgenommen, etwas gesalzen, gepfeffert und in Mehl gewendet werden. Man gibt sie in heißes Schmalz und bäckt sie schön rösch aus. Dazu reicht man Kartoffeln oder gemischten Salat. Und natürlich gehört auch ein Schoppen »Frankewoi« dazu, denn der Fisch will schwimmen!

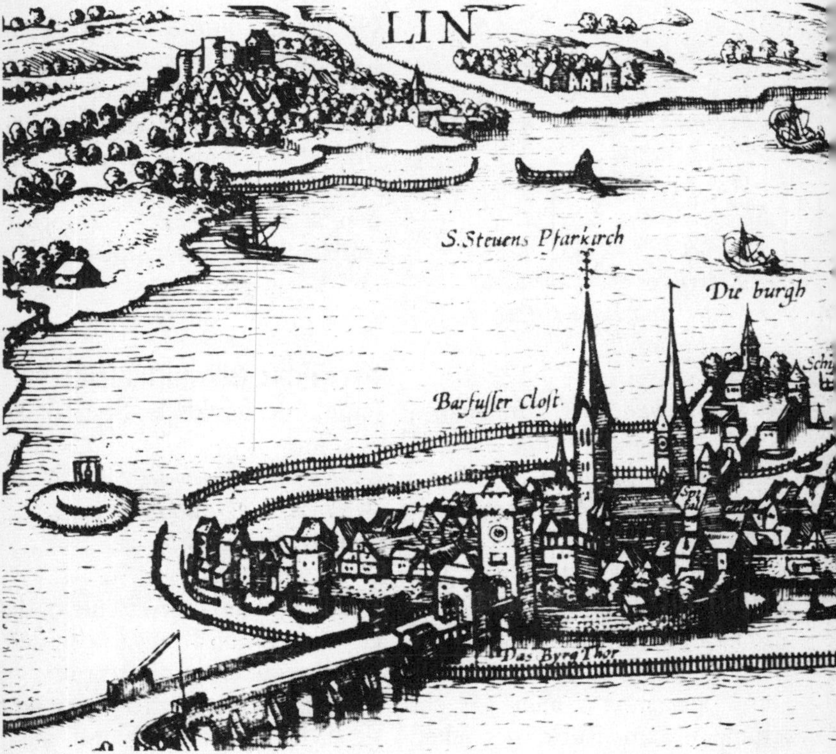

Lindau. Radierung, Georg Braun, Franz Hogenberg, Köln, 1572.

DAW.
DOIA, oppidum Imperij insulare, vndique aqua
Acromi lacus circumfusum.
S. Peters Thurn
Diebs Thurn

Gemüse und Salat

Im Norden Nürnbergs, »hinter der Veste«, dehnt sich das weite sogenannte »Knoblauchsland« aus, wo allerlei Gutes wächst, das dann die Bauern zum Markt fahren und dort feilbieten. Das sieht dann so aus – und hört sich so an:

Am Hauptmark drunt git's alles:
Kartoffel, Kraut, Spinat,
an Päiterla, an Schnietla,
Roub'n, Zwiefel und Salat;
»Mögn S' schöini Schterzernöirla?
An Wersching ham mer aa!
Schoufmeila, mörbi Äpfl?
Wo soung mer denn nu, Fraa?«

Daß »Roub'n« Rüben sind, der Schnittlauch hier zum »Schnietla« und der Feldsalat zum »Schoufmeila« (von »Schafmäuler«) wird, leuchtet ein. Aber was sind »Schterzernöirla»? Dieses geheimnisvolle Wort ist abgeleitet vom lateinischen »scarzonera« und heißt auf gut deutsch einfach Schwarzwurzel. Und – schmeckt prima!

Kastanienpüree

500 g Kastanien, 40 g Butter, etwas Salz, 1/4 l Milch, 1 EL Zucker, 2–3 EL Sahne

Kastanien in Wasser halbweich kochen, schälen und in Milch fertig kochen. Durch ein Haarsieb drücken oder im Mixer pürieren, mit wenig Milch und Sahne verdünnen, mit Zucker und Salz abschmecken und noch mal kurz durchkochen. Kastanienpüree ist eine köstliche Beilage zu jeder Art von Wildbraten.

Kren oder Meerrettich

wird viel in der Forchheimer Gegend gebaut, und die »Krenweibla« tragen ihn in ihren Hukkelkörben in die Stadt. Diese Körbe heißen Krätzen – und darum die Korbflechter auch »Krätzenflicker«.
Wenn man die Meerrettichstangen schält und reibt, gibt's unweigerlich Tränen. Mit der Maschine geht's besser – fertig kaufen kann man ihn natürlich auch (in Gläsern oder Tuben).

Meerrettichsauce

30 g Butter, 30 g Mehl, ½ l Milch,
2 Eigelb, Saft einer halben Zitrone,
Pfeffer, Salz,
2–3 EL geriebener Meerrettich,
eventuell 1 Prise Zucker

Eine helle Einbrenne (Mehlschwitze) machen, unter ständigem Umrühren mit heißer Milch aufgießen. Eigelb mit wenig kaltem Wasser verrühren, mit Pfeffer, Salz und etwas Zucker abschmecken. Am Schluß den Meerrettich unterrühren. Paßt gut zu Rindfleisch.

Will man ihn nicht so scharf, etwas kochen lassen. – Mit 1–2 EL Semmelbröseln verdickt, ergibt er Meerrettichgemüse.

Meerrettichsalat

1–2 Meerrettichstangen, 2 Äpfel, Essig oder Zitronensaft, Öl, Salz, Pfeffer, etwas Zucker

Der Meerrettich wird eine Stunde in frisches Wasser gelegt, geschält und gerieben. Darüber die Äpfel reiben und mit den anderen Zutaten gut mischen. Zu Aufschnitt ausgezeichnet.

Spargelsalat mit warmem Schinken

Dieses Essen ist ein Gedicht!

1 kg Spargel, Salzwasser, Essig, Öl, Salz, Pfeffer – pro Person eine Scheibe heißer gekochter Schinken, etwa 1 cm dick

Möglichst dicker weißer Spargel wird vorsichtig geschält, der eventuell harte Teil unten abgeschnitten, lose oder gebunden in kochendes Salzwasser gegeben, dem man gern eine Prise Zucker zufügt, und weich gekocht. Vorsichtig, damit die Köpfe nicht brechen, legt man ihn auf eine Platte – es gibt spezielle Spargelplatten – und läßt ihn erkalten. Mit einer Marinade aus Essig, Öl, Spargelbrühe, Salz, Pfeffer übergießt man ihn des öfteren. Vor dem Anrichten mit Schnittlauch bestreuen. Dazu reicht man den Schinken.

Eine fränkische Delikatesse sind die Hopfenkeime, auch Hopfenspargel genannt. Geerntet in allen Hopfenanbaugebieten, kommt er nur im April auf den Markt.

Strupfkohl (Winterkohl)

500–750 g Winterkohl, Salzwasser, Fleischbrühe, 50 g Fett, 2–3 EL Mehl, 1 Zwiebel, Salz, Pfeffer

Man streift den Kohl von den Blättern, gibt ihn gut gewaschen in kochendes Salzwasser. Will man ihn schön grün, gibt man eine Msp Natron dazu und läßt den Deckel weg. Wenn er weich ist, läßt man ihn auf dem Sieb abtropfen. Dann mit einer Zwiebel fein wiegen. Eine helle Einbrenne (Mehlschwitze) bereiten, das gehackte Gemüse zugeben, mit Fleischbrühe auffüllen, gut durchkochen und zu Rindfleisch reichen.

Spargelsalat, warm, aus Nürnberg

2000 g Spargel, etwas Butter, Essig, Öl, Salz, Schnittlauch

Spargel schälen, je 500 g bündeln und in Salzwasser mit etwas Butter weichkochen. Mit Essig, Öl, Salz und etwas Spargelbrühe anmachen, Schnittlauch darüberstreuen und warm servieren. Dazu ißt der Nürnberger gern Bratwürste und Bauernbrot.

Fränkischer Krautsalat

3/4 kg Weißkraut, 1 EL Salz,
1 TL Rosenpaprika,
1/8 l Essigwasser,
etwas Kümmel, verwiegt,
125 g würflig geschnittener Speck, durchwachsen

Das gesäuberte Kraut wird fein gehobelt (Maschine!), mit Salz und Paprika vermischt und gut beschwert, etwa eine Stunde. Der Kümmel wird mit dem Essigwasser aufgekocht und heiß über das Kraut gegossen. Zum Schluß mit den ausgebratenen Speckwürfeln gut mischen und zu Braten servieren.

Schwarzwurzeln, gebacken

750 g Schwarzwurzeln, etwas Essig, Zitronensaft, Salz, 1 EL Mehl, 1 Ei, Semmelbrösel, Backfett

Die Schwarzwurzeln werden geschabt, gewaschen und in ca. 5 cm lange Stücke geschnitten. (Sehr dicke Wurzeln halbiert man.) Sie werden sofort in Wasser, in dem man etwas Essig und Mehl verrührt hat, gelegt, damit sie sich nicht verfärben. Dann kocht man sie in Salzwasser weich, läßt sie abtropfen und beträufelt sie mit Zitronensaft. In Ei und Semmelbröseln paniert, bäckt man sie in heißem Fett goldgelb.

Schwarzwurzelsalat

1 kg Schwarzwurzeln, Salzwasser, Essig, Öl, Salz

Wurzeln gut vorbereiten (siehe vorhergehendes Rezept). In Salzwasser weichkochen, in eine Schale legen und mit der Marinade übergießen. Kann im Winter als Spargelersatz gelten!

Schwarzwurzeln in Buttertunke, mittelfränkisch

750 g Schwarzwurzeln, Salzwasser, 50 g Butter, evtl. Fleischbrühe, 1 EL Mehl, Salz, 1 Eigelb, 1 Schuß Essig

Die Wurzeln sauber schälen oder schaben (Handschuhe sind hier zu empfehlen) und nacheinander (damit sie nicht braun werden) in eine Wasser-Essigmischung legen. Wenn das Salzwasser kocht, werden sie, in fingerlange Stücke geschnitten, hineingegeben und in etwa 20 Minuten weichgekocht. Eine helle Einbrenne (Mehlschwitze) aus Fett, Mehl, Gemüsewasser, eventuell Brühe bereiten, gut durchkochen, die Wurzeln dazugeben und mit Eigelb legieren. – Sehr gut dazu sind Fleischklößchen, die man extra kocht und dann in das Gemüse legt.

Sellerie, gebacken

500–750 g Sellerie, Salz –
Zum Teig:
1 Ei, 100 g Mehl, ½ Glas Wein,
1 TL Öl, Salz

Sellerie waschen und schälen und in Salzwasser gut halbweich kochen. In Scheiben schneiden, auskühlen lassen, in einem Teig aus Mehl, Wein, Salz, Ei und etwas Öl wenden und in heißem Fett schön hellbraun herausbakken.

Hopfensalat

500–750 g Hopfensprossen,
Salzwasser, Essig, Öl, Salz,
Prise Pfeffer oder Prise Zucker,
etwas Zitronensaft

Die Hopfensprossen werden geputzt, d. h. unten etwas abgeschnitten, gut gewaschen und in kochendes Salzwasser gegeben, bis sie weich sind. Herausnehmen, abtropfen lassen, mit der Marinade übergießen. Der Salat soll einige Zeit durchziehen.

Bamberger Wirsing mit Gänseschmalz

1 großer Wirsingkopf, Salzwasser,
Gemüse- oder Fleischbrühe,
40 g Gänsefett, 2–3 EL Mehl,
2 Zwiebeln, Majoran, Salz,
Muskatnuß

Man entfernt die unschönen Blätter, viertelt den Kopf und schneidet den Strunk heraus. Man gibt die gewaschenen Blätter in kochendes Salzwasser, bis sie weich sind. (Wenn man nicht zudeckt, bleiben sie schön grün.) Darauf läßt man den Wirsing auf einem Sieb abtropfen und wiegt ihn samt der Zwiebel mittelfein. Mit Gänsefett macht man eine helle Einbrenne (Mehlschwitze), dünstet den Wirsing mit, füllt mit Gemüse- oder Fleischbrühe auf, kocht gut durch und würzt ihn mit Muskat, Majoran und Salz. Zum Schluß verfeinert man mit 2 Löffeln Gänsesauce. »Grüna Klües« (rohe Klöße) dürfen dazu keinesfalls fehlen.

Saures Kartoffelgemüse

500 g gekochte Kartoffeln,
40 g Fett, 2–3 EL Mehl,
1 EL gewiegte Zwiebel,
Fleischbrühe, Salz, Essig, 1 Zwiebel,
mit 2 Nelken besteckt

Die gekochten Kartoffeln werden geschält und in Scheiben geschnitten. Aus Fett und Mehl bereitet man eine Einbrenne (Mehlschwitze), mittelbraun, dünstet die Zwiebelwürfelchen mit, füllt mit Fleischbrühe auf und kocht die Sauce mit Essig, Salz und der ganzen Zwiebel eine halbe Stunde gut aus. Dann fügt man die Kartoffelscheiben bei, läßt noch mal kurz aufkochen, ohne daß die Scheiben zerfallen. Dazu reicht man Rindfleisch, auch geräucherte Blut- oder Bratwurst, sogenannte »Bauernseufzer«.

Nürnberger Kohlrabi – „Kollarohm"

4–5 Kohlrabi mit Blattgrün oder Petersilie, Salzwasser, Pfeffer, etwas Selleriesalz, 50 g Butter, 40 g Mehl,
evtl. etwas gekörnte Brühe

Die Kohlrabi dünn schälen, dabei alle holzigen Stellen entfernen und das Grün abschneiden, jedoch die einwandfreien Blätter beiseite legen. Die Kohlrabi in Scheiben schneiden und in Salzwasser garen. Die harten Rippen vom Kohlrabigrün entfernen und die Blätter in einem anderen Topf in wenig Salzwasser dünsten, bis sie halbweich sind. Das bittere Kochwasser abgießen und das Grün durch einen Fleischwolf drehen oder mit einem Küchengerät zerkleinern. Sobald die Kohlrabi weich sind, aus Butter und Mehl eine helle Schwitze bereiten, mit Kohlrabi-Wasser auffüllen und das Blattgrün dazugeben. Mit gekörnter Brühe, Pfeffer und Salz abschmecken und frische, feingehackte Petersilie nach dem Kochen darüberstreuen, falls zuwenig Blattgrün dabei war. Garzeit: ca. 45 Minuten.

Rund um den Bocksbeutel

Der edlen Frankenreben Saft
gibt guthen Muet und newe Kraft
Drumb / willstu Dein Gesundheit meren
Sollstu die Frankenreben eren
Nymalen andern Wein begeren

Es mag paradox klingen, aber es ist Tatsache: Bayerns Grenzen umschließen eines der Spitzenwein-Anbaugebiete der Welt; nicht was die Quantität, wohl aber, was die Qualität anbetrifft. Was da an den Weinbergen Unterfrankens heranreift, entwickelt später, golden in den Pokalen funkelnd, eine Blume und einen Wohlgeschmack, die anerkanntermaßen in der Welt nicht ihresgleichen haben. Frankenweine fordern dringend echte Kennerschaft: sie sind zu schade zum Durstlöschen, sie wollen genossen sein, am besten im Frankenlande selbst, im Würzburger Bürger- oder Juliusspital etwa oder im Hotel »Zum Riesen« in Miltenberg, dem ältesten deutschen Gasthaus überhaupt – oder in einer der unzähligen fränkischen Weinstuben, deren Wirte samt und sonders Kenner von hohen Graden sind.

Die Benediktinermönche waren es auch hier, die mit dem christlichen Glauben und guten Sitten den Weinbau ins Land brachten. Die Gründung des Bistums Würzburg im 8. Jahrhundert durch den heiligen Bonifaz mag entscheidend dazu beigetragen haben. Ob auch Kaiser Karl der Große in seinem Bemühen, sein Riesenreich der Barbarei zu entreißen, dabei seine Hand im Spiele hatte, steht nicht fest. Repperndorf bei Kitzingen, dessen Weinberge ganz sicher zu den ältesten Frankens zählen, besteht darauf, Kaiser Karl habe eigenhändig dort auf einer Ortsmarkung einen Weinstock gepflanzt. Wie dem auch sei, schon im Mittelalter waren die Weine der fränkischen Hochstifte und Klöster, der Rittersitze und der freien Reichsstädte berühmt; sie haben ihren Ruf bis zum heutigen Tag nicht nur behaupten, sondern sogar noch steigern können. Wer wäre mehr prädestiniert, für die Güte der Frankenweine zu zeugen als Goethe, der an seine Frau schrieb: »Sende mir doch einige Würzburger, denn kein anderer Wein will mir schmecken, und ich bin verdrießlich, wenn mir mein gewohnter Lieblingstrank abgeht.« Indes, keineswegs nur Würzburgs große Lagen, der Stein und die Leisten, haben den Frankenwein bekannt gemacht. Im östlichen Unterfranken ziehen sich die Weingärten von den Hassbergen bis zu Eltmann am Obermain hin; südlich des Mains, im Steigerwald, zwischen Abtswind und Castell, von Großlangheim, Rödelsee und Iphofen bis hinunter nach Ippesheim erstrecken sich weltbekannte Weinorte, deren Spitzenweine in guten Jahrgängen bis zu 100 Mark pro Flasche gehandelt werden. Im lieblichen Taubertal, schon ins Württembergische hinüberwechselnd, präsentieren die Tauberweine von Weikersheim und Markelsheim dem Kenner ihre unvergleichliche Blume (die sich durch den Versand leicht verflüchtigt und deshalb am besten an Ort und Stelle genossen wird). »An der Saale hellem Strande« in der Hammelburger Gegend liegt eines der ältesten deutschen Weinbaugebiete überhaupt.

Wer aber eine echte »Weinreise« machen will, der fahre den Main entlang, von Schweinfurt aus nach Süden über Escherndorf, Sommerach, Kitzingen, raste einen Schluck lang an der Kehre des Maindreiecks bei Frickenhausen und Sommerhausen und wende sich dann wieder nördlich, um in Würzburg Einkehr zu halten und in Marktheidenfeld oder Wertheim bei einem vollen Becher seine Reise ausklingen zu lassen...

Wer zählt die Lagen, nennt die Namen! Der Liebhaber, der es zur Kennerschaft bringen will, spürt die Unterschiede auf der Zunge. Es ist übrigens auch wichtig zu wissen, daß Franken nicht nur weiße, sondern feurige und zartblumige Rotweine (Burgunder) hervorbringt – um Klingenberg und Großheubach, Bürgstadt und Miltenberg vor allem.

Eines ist fast allen Frankenweinen gemeinsam, sobald sie aus den

Würzburg. Radierung, Matthäus Merian, Frankfurt, 1633.

Fässern abgefüllt werden: der Bocksbeutel, jene eigenartige, grün- oder auch braungläserne Flasche, die einer abgeplatteten Kugel gleicht. Früher in ganz Europa verbreitet, hatte sie sich etwa zu Beginn des 19. Jahrhunderts schon zu einem speziellen Kennzeichen fränkischer Weine entwickelt. Heute ist ihre Form markenrechtlich geschützt; außer Frankenweinen dürfen auf der ganzen Welt nur noch einige wenige ganz bestimmte Badenser Lagen in Bocksbeutel abgefüllt werden.

Woher der seltsame Name kommt? Sittenstrenge Sprachforscher der Vergangenheit haben sich vergeblich bemüht, ihn von »Bug« oder von englisch »book« oder sonst weiß Gott, woher, abzuleiten. Die einfache, wenn auch für zart besaitete Gemüter vielleicht ein wenig anrüchige Wahrheit ist, daß die Form eben jenem anatomischen Teil des Bockes gleicht, der auf lateinisch »sacculus« – also eben Beutel – heißt. Die Winzersprache ist nun einmal derb und bildhaft; Weinnamen wie »Trollinger Hammelhoden« (!) oder »Kröver Nacktarsch« verderben uns nicht die Freude an den edlen Getränken. Bocksbeutel und Pokal – darin ein köstlicher Tropfen aus fränkischen Markungen –, das erhält frisch und gesund und gibt keinen schweren Kopf. »Frankenwein – Krankenwein« heißt es, das will nichts anderes besagen, als daß Kranke davon gesund und Gesunde niemals krank werden. Schon darum allein – von dem unvergeßlichen Genuß gar nicht zu reden – lohnt es sich also, »ins Land der Franken zu fahren«.

Allerlei zum Frankewoi

Zwiwwelkoung (Zwiebelkuchen)

100 g Speck, 1 kg Zwiebeln,
2 Eier, 1/8 l Sauerrahm, Salz,
1 KL Kümmel,
Hefeteig von 250 g Mehl
(s. Grundrezept S. 79)

Man bereitet einen Hefeteig und schlägt ihn gut ab. Nun wird er ziemlich dick ausgerollt, auf ein gefettetes Blech gelegt und zum Aufgehen zugedeckt und warmgestellt. Inzwischen schneidet man den Speck in kleine Würfel und dünstet damit die fein geschnittenen Zwiebeln. Die Eier verquirlt man mit saurem Rahm, würzt mit Salz, gibt Kümmel dazu und die gedämpften Zwiebeln, streicht die Masse auf den gegangenen Teig und bäckt bei Mittelhitze.

Kräuterpfannkuchen

200 g Mehl, 4 Eier, ca. 1/4 l Milch,
Salz, Petersilie, frischer Estragon,
Schnittlauch, Kerbel (Kreutl),
1/2 Zwiebel, Backfett

Aus Mehl, Eiern, Milch und etwas Salz rührt man einen glatten Pfannkuchenteig. Kräuter und Zwiebel wiegt man ganz fein, gibt sie unter den Teig und bäckt in heißem Fett dünne Pfannkuchen. Nach Belieben kann man sie mit Pilzen füllen. Dazu reicht man Salate.

Speckkuchen

Hefeteig von 500 g Mehl
(s. Grundrezept Seite 79),
350 g durchwachsener, geräucherter
Speck, 2 EL Kümmel, Salz,
2 Eigelb zum Bestreichen

Der gegangene Hefeteig wird 1 cm dick ausgerollt und auf ein gut gefettetes Blech gegeben. Man bestreicht ihn mit Eigelb, gibt den in kleine Würfel geschnittenen Speck, Salz und Kümmel darauf und bäckt ihn im Rohr 40–45 Minuten.

Zibelaskäs (oberfränkisch)

500 g Quark (Topfen) rührt man mit Milch (besser saurem Rahm), Salz, Schnittlauch, feingehacktem Peterle (Petersilie) und Kümmel an, bis er ganz fein und geschmeidig ist. Dazu reicht man Pellkartoffeln, und ganz Reiche spendieren sich noch »a Stückla frischa Butter« dazu.

Gerupfter (unterfränkisch)

Pro Person 1 Camembert,
nußgroß Butter,
feingewiegte Zwiebel, etwas Paprika

Den Camembert zerdrückt man mit der Gabel fein, rührt dann Butter, Zwiebel und Paprika drunter, vermischt alles gut und formt eine Kugel, die man mit Brot serviert.
Im lieblichen Unterfranken freut man sich jeden Herbst auf die Weinlese! Lustig geht's zu, wenn dann in den Schenken der neue Wein, der »Federweiße« und der »Bremser«, ausprobiert wird. Dazu ißt man den Gerupften, um die berauschende Wirkung etwas zu dämpfen. Gut schmeckt bei dieser Gelegenheit aber auch ein Speckkuchen.

Kniedla, Klües – und Kartoffeln

Klöße ißt man in Franken gern und oft, in mancherlei Ausführungen. In Nürnberg nennt man sie auch »Kniedla« und in Oberfranken »Klües«. Sie passen zu allen Braten, die »rohen«, die »fränkischen« und die »seidenen«.

Seidene Klöße

1 kg gekochte Kartoffeln vom Vortag, 1/4 kg Kartoffelmehl, 1 Ei, Salz, etwa 1/4 l heißes Wasser, geröstete Weckbrötchen

Die geriebenen Kartoffeln mit dem Kartoffelmehl mischen, salzen und mit dem heißen Wasser überbrühen, das Ei darangeben und gut verkneten. Dann Klöße formen, die Bröckchen in die Mitte geben, in reichlich Salzwasser (sie gehen auf!) langsam etwa 15 Minuten mehr ziehen als kochen lassen.

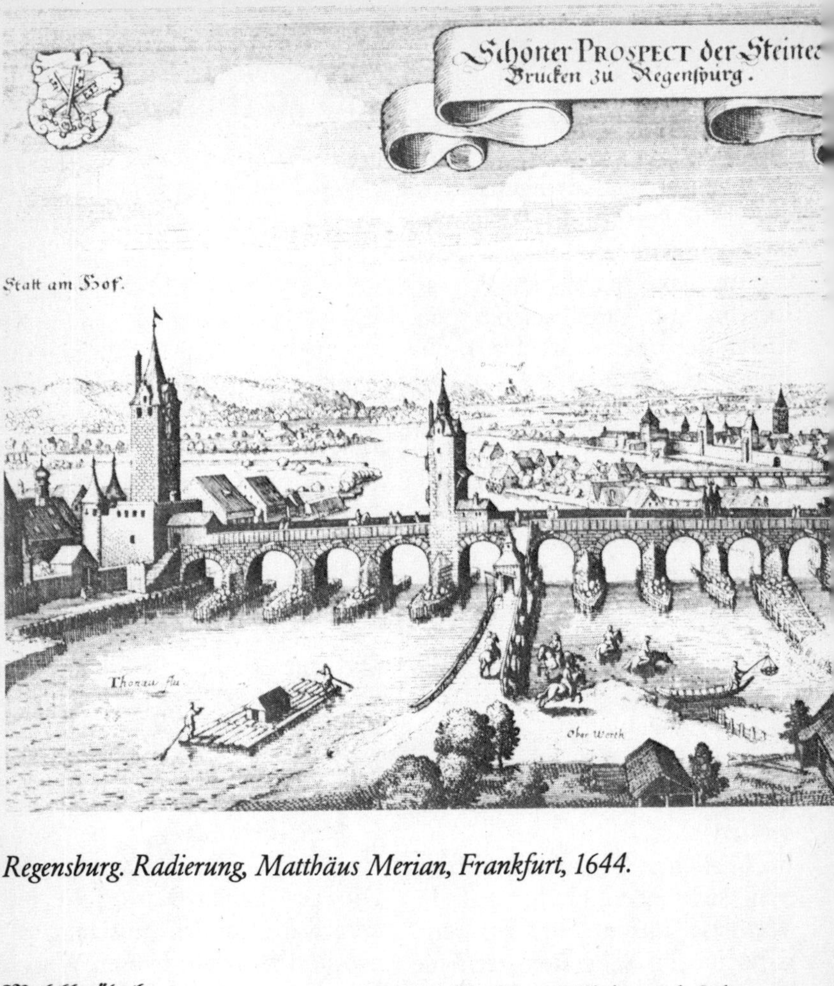

Regensburg. Radierung, Matthäus Merian, Frankfurt, 1644.

Mehlknödel

500 g Mehl, 3 Eier, ca. 1/4 l Milch, 3 Semmeln vom Vortag, 50 g Butter, etwas Salz

Mehl, Eier, Milch und Salz verrührt man zu einem zähen Teig und schlägt ihn gut ab. Die Semmeln werden geschnitten, in Butter geröstet und unter die Masse

gegeben. Den Teig läßt man eine Stunde stehen. Mit einem Löffel, den man in Wasser taucht, Knödel abstechen, in kochendes Wasser geben und 25–30 Minuten leicht kochen lassen.

Fränkische Knödel

5–6 Semmeln vom Vortag,
150 g Mehl, etwas Milch,
50 g Butter, 3 Eier, Salz,
geröstete Semmelwürfel

Die Semmeln schneidet man in Würfel und röstet sie in Butter gut an. Aus Mehl, Eiern, Salz und eventuell etwas Milch rührt man einen zähen Teig, mischt die gerösteten Semmelwürfel darunter und läßt den Teig gut eine Stunde stehen. Mit einem angefeuchteten großen Eßlöffel sticht man Knödel ab und legt sie in kochendes, leicht gesalzenes Wasser. Sie müssen 25–30 Minuten kochen. Mit einem Schaumlöffel herausnehmen und zu Saucen servieren.

Fingerhüt

1000 g gekochte Kartoffeln,
ca. 250 g Mehl, 1 Ei, Salz,
Butterschmalz zum Ausbacken

Die gekochten Kartoffeln werden durchgepreßt, mit Mehl, Ei und Salz zu einem Teig vermischt und in 2 cm lange, fingerdicke Stücke geformt. Diese werden in heißem Butterschmalz goldbraun gebacken.

Serviettenkloß (oberfränkisch)

6 Semmeln, etwas Milch, 2–3 Eier, Zwiebel, Peterle (Petersilie), 50 g Butter, Salz, etwas Muskatnuß

Die fein aufgeschnittenen Semmeln übergießt man mit den in Milch verquirlten Eiern, mengt gut durch und läßt den Teig eine Stunde weichen. Zwiebel und Peterle werden fein verwiegt, in Butter angedünstet, unter die Masse gerührt und nach Geschmack gesalzen. Nun formt man einen Kloß, legt ihn auf eine bebutterte Serviette, bindet sie *locker* zu und siedet den Kloß 3/4 Stunden in kochendem Wasser – oder füllt ihn in eine Puddingform und kocht eine Stunde im Dunst. Man reicht Schweine- oder Kalbs- , auch Sauerbraten dazu.
Er gehört zu den oberfränkischen »Festessen«!

Grießknödel

4 Eier, Salz, 4 eischwer Grieß

Eier, Salz und Grieß vermengen, eine Stunde ziehen lassen. Mit einem Eßlöffel Knödel in kochendes Wasser einlegen, 25–30 Minuten leicht kochen lassen.

Kartoffelstriezel

1000–1500 g gekochte Kartoffeln, 2 Eier, Salz, 100–150 g Mehl, 100 g Butter
Zum Begießen: *1/4 l Milch, 1 Ei*

Die Kartoffeln werden geschält, durch eine Presse gedrückt und mit den Eiern, Mehl und etwas Salz vermischt. Dann formt man fingerdicke Nudeln daraus, wendet sie in zerlassener Butter und schichtet sie nebeneinander in eine Bratreine, in die man Butter gegeben hat. Milch, Ei und etwas Salz verquirlt man und gießt die Hälfte über die Striezel, schiebt sie in das warme Rohr und brät sie ca. 10 Minuten. Nun gießt man den Rest Milch daran, brät nochmals gute 10–15 Minuten, bis die Milch aufgesogen und die Striezel schön goldbraun sind. Dazu servieren Sie Sauerkraut.

Rohe Kartoffelknödel

1500 g Kartoffeln, 4 EL Grieß,
2 Semmeln vom Vortag,
¼ l Milch, 2 EL Fett, Salz,
geröstete Semmelwürfel

Kartoffeln schälen und durch ein feines Reibeisen in kaltes Wasser reiben. Sind alle Kartoffeln gerieben, preßt man sie durch ein Tuch oder Säckchen und gibt sie in eine Schüssel. Der Grieß wird in Milch gekocht und heiß über die Kartoffeln gegeben. Salzen und mischen. Nun formt man Knödel, gibt in jeden ein paar in Butter geröstete Semmelwürfel und kocht sie in Salzwasser ca. 15–20 Minuten.

Reibekuchen – „Backas"

1 kg Kartoffeln, Salz, Backfett,
(Pflanzenfett oder Schweineschmalz)

Die rohen Kartoffeln schälen und reiben, die Masse in ein Sieb geben und gut abtropfen lassen, jedoch nicht ausdrücken. Den Teig nach Geschmack salzen (in Franken enthält er weder Ei noch Zwiebeln, wobei natürlich Ausnahmen die Regel bestätigen) und möglichst dünn in die Pfanne mit dem heißen Fett geben. Den »Backas« schön gleichmäßig auf beiden Seiten knusprig braten. Wenn Sie eine große Pfanne verwenden, machen Sie am besten mit dem Löffel kleinere Plätzchen, jedoch ist der fränkische »Backas« meist tellergroß. Dazu gibt es hausgemachtes Apfelmus.

Hefeknopf (oberfränkisch)

250 g Mehl, 10–20 g Hefe,
2–3 EL Milch zum Dämpfl,
1–2 Eier, 1 Msp Salz, 30 g Butter,
geriebene Muskatnuß

Man bereitet einen leichten Hefeteig und schlägt ihn gut ab. Dann legt man ihn auf eine bebutterte Serviette, läßt ihn darauf gut aufgehen, bindet die Serviette zu und siedet den »Knopf« ½–¾ Stunde im Wasserbad. Dann gibt man ihn auf eine Schüssel, reißt ihn mit Gabeln oder Hölzchen auseinander und gibt ihn mit Rahmsauce oder gekochtem Obst zu Tisch.

Kartoffelspatzen – „Potacknschpotzn"

1 kg gekochte Kartoffeln, Salz,
75–100 g Mehl, 2 Eier,
reichlich Salzwasser

Die gekochten, geschälten und erkalteten Kartoffeln reiben und mit Mehl, Eiern und Salz zu einem geschmeidigen, aber nicht zu weichen Teig verarbeiten. Inzwischen in einem Topf reichlich Salzwasser zum Kochen bringen, mit einem Eßlöffel nicht zu kleine, länglich oval geformte Spatzen formen und diese in etwa 10 Minuten gar ziehen lassen. Als Beilage zu Saucen jeder Art, zu Kraut und grünem Salat.

Groibn-Köichl

1000 g gekochte Kartoffeln,
ca. 250 g Mehl, 1 Ei, Salz,
Grieben (Schweine-, Rinds- oder Gänsefett),
Butter oder Schweineschmalz zum Ausbacken

Kartoffeln durch ein Sieb drükken, mit Mehl, Ei, Salz und Grieben zu einem Teig verarbeiten. Daraus formt man flache kleine Köichl und bäckt diese auf beiden Seiten schön goldbraun.

Kartoffelbackes und Gurken

Der Michel is a tüchtiger Mo. Net bloß, daß er seiner Fra beim Waschen und Putzen tüchtig an die Hand geht, er kocht sogar, wenn die Bärbl auf der Ärbet is. Früher, wie er noch net so ferm war, is ihm beim Kochen was Schöns passiert. Sagt do die Bärbl eines Tags: »Michel, morgn hab ich großa Wäsch, do mußt du kochen. Fasttag is sowieso, do machst halt an Kartoffelbackes mit Gurken.«

»Is recht«, hat der Michel gsagt. Er hot sei Erdöpfl geriebn, hot die Gurkn gschält – vom Stielend aus angfangt, daß sie net bitter schmecken – und hot – no ja, der Michel hot damals vom Kochen noch net soviel verstandn, drum lacht net. Die Bärbl kummt vo de Wäsch ham. »No, Alter, wie stet's mit'n Essen?«

»Der Backes is in der Röhrn, er muß bal fertig sei!« Die Bärbl schaut nei. – »No, er macht sich; blos a weng setzn will er sich. Host vielleicht die Erdöpfl zä weng ausgedrückt?«

»Na, na!« – »Wo sen denn die Gurkn?«

»Im Backes, wo solln sie denn sei!«

»Im Backes??? Wos soll denn des haßn?«

»No, ich hob die Gurkn gschnitten, ausgedrückt und untern Bakkesteig gemischt, wie's halt beim Apfelbackes a gemacht werd!«

»Heilige Mutter Anna, Michel, bist denn net gscheit? Die Gurken häst als S a l a t machn solln! Des glab ich, daß der Backes net in die Höh geht!«

Do soll der Michel ganz kla worn sei. Die Bärbl hot sich an Rampf Brot runtergschnitten, die Tür naghaut und is wieder zu der Wäsch. Der Michel hot sei Gurknbackes nuntergewörgt.

Heit passieret ihm so was nimmer; er kocht scho bald wie sei Bärbl selber.

Kartoffel-Backes

1000–1500 g Kartoffeln, 2 Eier, Salz, Pfeffer, 1 große Zwiebel, etwas Knoblauchpulver, 3–4 EL Mehl, Backfett (Butterschmalz oder Schweinefett)

Die Kartoffeln waschen, schälen und möglichst schnell reiben oder in den Mixer geben. Die Zwiebel dazureiben, mit Ei, Salz, etwas Pfeffer, Knoblauchpulver und Mehl gut vermischen. In einer Pfanne Fett heiß werden lassen und handtellergroße Backes goldbraun und knusprig backen. – Oder in eine Bratreine in zerlassenes Fett Kartoffelteig einfüllen und im Rohr backen, bis das Backes schön lichtbraun ist.

Äpfelbackes

Zubereitung wie Kartoffelbackes. Statt Salz, Pfeffer, Zwiebeln und Knoblauch gibt man 2–3 Äpfel, geschält, entkernt und in Scheiben geschnitten und 1–2 TL Zukker unter den Teig. Mit Zucker bestreut servieren.

Bauchstecherla

500 g gekochte Kartoffeln, 1 EL Grieß, 2 EL Mehl, 1 Ei, etwas Milch, Salz, Backfett

Die gekochten Kartoffeln durchpressen, würzen und mit Ei, Mehl, Grieß und etwas lauwarmer Milch vermengen, daß es einen festen Teig gibt. Mit einem Eßlöffel Teig abstechen, die Stecherla etwas flach drücken und auf beiden Seiten goldbraun backen. Sie werden als Beilage zu Braten oder Kraut gereicht.

Tatschnudeln

750–1000 g gekochte Kartoffeln, ca. 120 g Mehl, 1/4 l Milch, 2–3 Eier, Salz, 100 g Schweinefett

Die gekochten Kartoffeln durch eine Presse drücken, auskühlen, Salz und Mehl dazugeben und einen festen Teig kneten. Fingerdicke kleine Nudeln formen, in eine Reine mit zerlassenem Fett schichten und im Rohr goldbraun backen. Die Milch darübergeben, mit Butter bepinseln und nochmals so lange ins Rohr schieben, bis die Milch aufgesogen ist.

Fränkischer Kartoffelkuchen

750 g gekochte Kartoffeln, Salz,
5 EL Mehl, 50 g Speck,
50 g Butter

Die kalten, gekochten Kartoffeln werden durch eine Presse gedrückt und mit Mehl und Salz vermengt. Nun gibt man einen Teil des kleingeschnittenen Specks und etwas Fett in eine Pfanne und läßt ihn glasig anlaufen. Einen Teil des Kartoffelteiges in die Pfanne geben, flach drücken und auf beiden Seiten schön braun braten. Zum Wenden einen Topfdeckel nehmen, damit der Kartoffelkuchen nicht bricht. Den Teig je nach Größe der Pfanne auf zwei- bis dreimal backen.

Grobian (oberfränkisch)

½ l Milch, 250 g Grieß, grob, 30 g Butter, 2 Eier, Salz, Muskatnuß und abgeriebene Schale einer Zitrone

In die kochende Milch läßt man den Grieß einlaufen, kocht einen steifen Brei und mischt unter die noch warme Masse Butter, Eier und Gewürze. Nach dem Erkalten formt man einen Kloß, bindet ihn in eine Serviette, die man vorher mit Butter bestrichen und mit Mehl bestäubt hat, und siedet den Kloß in leicht gesalzenem Wasser ¾ Stunden. Dazu schmeckt sehr gut eine Zwiebelsauce.

Der »Sunntagskoung« (Sonntagskuchen) darf an keinem Wochenende fehlen; vom einfachen Gugelhupf über »Schmalzbachens« bis zum saftigen Obstkuchen oder einer feinen Torte mag der Franke einfach alles.

Mehlspeisen, Backwerk, Lebkuchen

Brotmännle

750 g altes Schwarzbrot, knapp 1 l Milch, 750 g Äpfel, 80–100 g Butter, 5 EL Zucker, 3 Eier, 100 g Weinbeeren, Zimtzucker zum Bestreuen

Das Schwarzbrot wird in Milch eingeweicht, in der man Zucker und Eier verquirlt hat. Nun gibt man in die gut ausgefettete Auflaufform schichtweise Brot und Obst (Äpfel schälen, entkernen, in Schnitze schneiden), Zimt und Weinbeeren darauf, hört mit Brot auf und setzt Butterflöckchen darauf. Der Auflauf wird im Rohr bei mittlerer Hitze ca. 45–50 Minuten überbacken. Mit Zimtzucker bestreuen und Kompott dazu geben. – Statt Äpfel kann man auch Zwetschgen oder Kirschen verwenden!

Koichla

– also Küchlein, ißt man zur »Kerwa« (Kirchweih) ebenso gern wie zur »Fosenacht« (Fasching). Ein alter fränkischer Reim lautet:

Schöi is an der Fosenacht,
wenn mei Mudder Koichla bacht,
wenn sie ober kaane bacht,
pfeif i af die Fosenacht!

500 g Mehl, 25 g Hefe,
lauwarme Milch, 1 Ei,
1 EL Zucker, Salz, 30 g Fett
und genügend Ausbackfett:
Butter- oder Schweineschmalz oder Kokosfett

Man bereitet den üblichen Hefeteig (s. Grundrezept Seite 79), teilt ihn in 12–14 Stücke, dreht aus diesen Nudeln, legt sie auf ein bemehltes Brett und läßt sie gehen. Inzwischen erhitzt man Schmalz in einem Tiegel, taucht die Finger in etwas flüssige Butter und zieht die Küchlein vorsichtig aus, so daß sie in der Mitte durchscheinend sind und einen daumendicken Rand behalten (ähnlich wie die oberbayerischen Auszog'nen. In Oberfranken legt man über das Knie eine frische Serviette und zieht die Küchlein darüber aus, sie heißen deshalb »Kniekoichla«). Man legt sie in das heiße Fett, übergießt sie fleißig mit dem Schöpfer, bis sie steigen und sich bräunen. Nicht warm aufeinanderlegen! Mit Puderzukker bestreuen. – Eine andere Art sind die

Kopfkissla

Hier wird der Teig vorbereitet wie oben, doch dreht man keine Nudeln, sondern walzt ihn gut fingerdick aus und rädelt Vierecke aus. Sind sie gegangen, legt man sie ins heiße Schmalz, wobei sie hoch aufgehen und hohl sind. Ebenfalls puderzuckern.

In Franken feiert man die Feste, wie sie fallen, und man feiert gern. So gibt's an Ostern den »Betzenmarkt«, wo es nicht nur Betzen (Osterlämmer), sondern auch nützliche Dinge, vor allem Geschirr zu kaufen gibt. Neben vielen anderen Bräuchen kennt man am Land auch noch die »Eierbrunnen«. Der Brunnen, also das Wasser als Urquell allen Lebens, wird mit Grün festlich geschmückt, Bäumchen werden aufgestellt und diese mit vielen bunten Eiern behängt, was reizend aussieht. »Einfach oartli!« sagt der Einheimische.

Nürnberger Braune Plätzchen oder Gewürzplätzchen

½ kg Honig, ¼ l Wasser,
½ kg Mehl

Honig und Wasser aufkochen, Mehl einrühren, und diesen Teig 14 Tage im Keller ruhen lassen. Am Tag des Gebrauchs stellt man ihn in heißes Wasserbad, damit er sich leichter verarbeiten läßt. Inzwischen bereitet man einen zweiten Teig:

½ kg Farinzucker, 3 Eier,
250 g Zitronat, 250 g Orangeat,
150 g Semmelbrösel, 1 KL Zimt,
1 Msp Nelken, 1 Msp Kardamom,
750 g Mehl, 1 Backpulver

Eier mit Farinzucker schaumig rühren, feingewiegtes Zitronat, Orangeat, Semmelbrösel und alle Gewürze und einen Teil des mit Backpulver gemischten Mehles dazugeben. Am Brett das übrige Mehl und den Honigteig dazugeben, tüchtig abkneten. Dann auswalzen und runde Plätzchen ausstechen, mit Wasser bestreichen und zu schöner Farbe bakken.
Das Nürnberger Allerlei wird ebenso hergestellt, nur sticht man mit verschiedenen Formen aus und bestreicht mit dicker Zuckerglasur, die man teilweise rosa (Himbeersaft!) färbt.
Dieses ist – wie jedes Honiggebäck – zuerst hart, wird aber nach kurzer Lagerzeit weich.

Fränkische Osterfladen

1 kg Mehl, 40 g Hefe,
1 EL Zucker, 1 EL Salz,
50 g Schmalz, ¼ l Milch

Man bereitet den Teig wie üblich und knetet ihn am Brett gut ab. Dann formt man zwei Laibe und läßt sie auf bemehltem Brett aufgehen. Bevor man sie ins Rohr gibt, stupft man sie oben kreuzweise mit einer Gabel oder schneidet mit einem Messer nicht zu tiefe Würfel ein. Mit milchverrührtem Eigelb bestrichen, bäckt man die Fladen gut eine Stunde.
Ein Stück dieses Gebäcks nimmt man dann zusammen mit Salz, Ei und Schinken mit zur Kirche, wo es geweiht wird. Daheim ißt dann jeder von dem »Gweihten«, was Segen bringen soll. Die Kinder aber suchen jubelnd ihre Osternester, auf fränkisch »Hosagärtla«.

Nürnberger Ufaklöiß

(Ofenklöße = Rohrnudeln)

½ kg Mehl, 20–25 g Hefe,
5–6 EL Milch zum Dämpfl,
1–2 Eier, 40–60 g Fett,
3–4 EL Zucker, etwas Salz,
Zitronenschale,
etwa ⅜ l Milch zum Abschlagen,
50 g Weinbeeren,
80 g Fett für die Reine

Man bereitet wie üblich ein Dämpfl und läßt es etwa 15 Minuten gehen. Dann verrührt man es mit dem übrigen Mehl, gibt die lauwarme Milch mit dem zergangenen Fett und alle anderen Zutaten bei, mengt gut durch und schlägt den Teig, bis er Blasen wirft. Nun läßt man den Teig gehen. Dann formt man 12–14 Nudeln und setzt diese in das *lauwarme* Fett in die Form. Man läßt sie noch mal aufgehen und bäckt dann bei mäßiger Hitze ¾ Stunden im Rohr. Beim Servieren gibt man sie mit der Unterseite nach oben und bestreut diese mit Puderzucker. *Kalt* zu Kaffee, *warm* zu Vanillesauce.

Nürnberger „Feiaschpotzn"

500 g Mehl, 1 TL Backpulver,
100 g Zucker,
1 Päckchen Vanillinzucker,
abgeriebene Zitronenschale, 3 Eier,
125 g Butter, Rum nach Belieben,
Zucker und Zimt zum Bestreuen,
Öl oder Butterschmalz zum Ausbacken

Das Mehl mit dem Backpulver mischen und auf eine Arbeitsplatte sieben. Eine Vertiefung ins Mehl drücken und Zucker, Vanillinzucker, Zitronenschale und Eier dazugeben. Rum nach Geschmack hinzufügen. Die Zutaten vermischen und dann erst in kleinen Stückchen die kalte Butter hinzugeben. Rasch zu einem glatten Teig verkneten.
Den Ausbacktopf zu zwei Dritteln mit Fett füllen. Auf 180–200° erhitzen. Mit einem Eßlöffel Spatzen vom Teig abstechen und ins heiße Fett geben. Darauf achten, daß die Temperatur des Ausbackfetts immer gleichmäßig bleibt. Immer nur wenig Spatzen gleichzeitig ausbacken. Wenn sie goldgelb bis goldbraun sind, sind die Spatzen gar. Mit Zucker und Zimt bestreuen und zum Kaffee servieren.

Nürnberger Lebkoung (Lebkuchen)

Schon im 14. Jahrhundert waren hier Lebküchner ansässig, da sie den Hauptbestandteil, den Honig (Zeidl) von den »Zeidlern« (Imkern) geliefert bekamen, die auf ihren Zeidelgütern in den großen Wäldern rings um Nürnberg wohnten, in »des Kaisers und Reiches Bienengarten«. Längst sind aus den Lebküchnereien riesige Lebkuchenfabriken geworden, die ihre süßen Spezialitäten: Braune, Weiße oder Elisen-Lebkuchen in alle Lande versenden…

Ober z'ruck zu die Lebkoung – denn mancha Hausfrau möchts aa selber probiern. Im Germanischen Museum gits a alts Rezept: dou haßts, mer braucht »eyn Mäßl Zucker, eyn halb Seidel Honig, vier Loth Zimmet, eyn Quentlein Pfeffer, zweeyn halb loth Ingwer, dieselb Menge Muscat, ein loth Gardumummlein, dazu noch ein Diethäuflein Mehl, soll fünf Loth schwer seyn…«

No ja, des is recht interessant, ober mer wollens doch deitli schreib'n:

Elisenlebkuchen

250 g Honig, 200 g Zucker,
2 Eier, ¾–1 kg Mehl,
150 g Mandeln,
50 g Zitronat und Orangeat,
1 TL Zimt, 1 Msp Nelken,
1 Msp Kardamom,
eine Prise Muskatblüte,
Schale einer halben Zitrone,
3 EL Arrak, 1 Msp Backpulver

Man läßt den Honig aufkochen, gibt den Zucker dazu und nach dem Auskühlen die Eier, die geschnittenen Mandeln, das feingewiegte Zitronat und Orangeat, alle Gewürze, Arrak und das mit Backpulver vermischte Mehl. Man knetet den Teig durch, rollt ihn zu runden Lebkuchen aus, verziert sie mit einem Stern aus geschälten, halbierten Mandeln und bäckt sie auf einem gefetteten, leicht mit Mehl bestäubten Blech. Noch heiß, überzieht man sie mit *Zuckerglasur:* 150 g Zucker kocht man mit 6–8 EL Wasser bis zum Spinnen, gibt Zitronensaft oder Vanille dazu und überstreicht das Gebäck. Eventuell nochmal kurz ins Rohr geben.

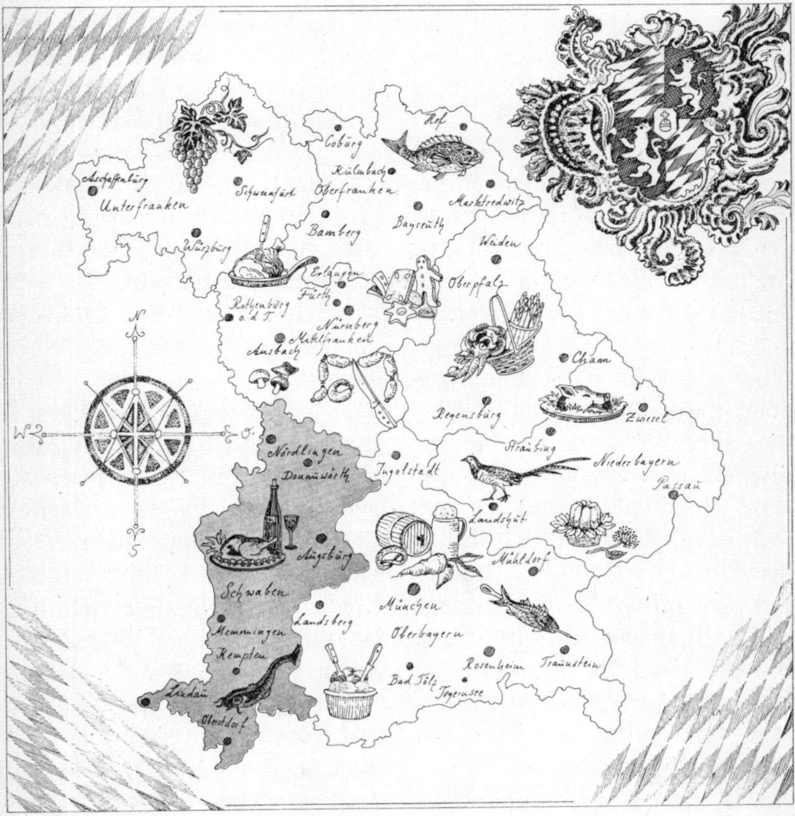
Aschaffenburg
Unterfranken
Schweinfurt
Coburg
Hof
Kulmbach
Oberfranken
Marktredwitz
Bamberg
Bayreuth
Würzburg
Weiden
Erlangen
Fürth
Oberpfalz
Rothenburg o.d.T.
Nürnberg
Mittelfranken
Ansbach
Cham
Regensburg
Zwiesel
Straubing
Niederbayern
Nördlingen
Donauwörth
Ingolstadt
Passau
Landshut
Augsburg
Mühldorf
Schwaben
München
Landsberg
Memmingen
Oberbayern
Kempten
Rosenheim
Traunstein
Bad Tölz
Tegernsee
Lindau
Oberstdorf
N
W
O
S

Schwaben

Heimkehr ins Schwabenland

Er war heimgekehrt. Zurückgekehrt in seine Stadt. Es war immer seine Stadt geblieben. 20 Jahre Kindheit, frühe Jugend, bis der Krieg ihn aus seiner Stadt in die Welt verschlug. Damals wußte er noch nicht, daß es seine Stadt war. Aber dann, nicht plötzlich, langsam nur, war ihm die Erinnerung an sie immer lebendiger, immer wichtiger geworden. Immer drängender war das Bewußtsein: Einmal werde ich zurückgehen in die Stadt und das Land dahinter.

Nun also war es soweit. »Augsburg Hauptbahnhof« hatte der Lautsprecher getönt, und er war ausgestiegen. Wie im Traum ging er nun durch die Straßen der alten Römergründung AUGUSTA VINDELICORUM. Augsburg, die Weltstadt der Fugger und Welser, einst Mittelpunkt des Europäischen Handels, der Geldmarkt Europas, die Stadt Hans Holbeins, des Elias Holl, Geburtsstadt Bert Brechts. Mittelpunkt des Handels mit Mailand und Venedig.

Immer lebendiger wird die Erinnerung an seine Stadt auf dem Weg durch die Hohe Straße Augsburgs zwischen dem auf den Fundamenten der römischen Stadt erbauten Dom, dem venezianisch prächtigen Rathaus neben dem Campanile des Perlach und dem Ulrich Münster. Diese Prachtstraße, in deren südlicher Großzügigkeit und Weite die Brunnen des Merkur, des Herkules und des Stadtgründers Kaiser Augustus rauschen, führt direkt nach Rom – zum goldenen Meilenstein im Forum Romanum. Sie ist ein Teil der antiken Via Claudia, über die jahrhundertelang die römischen Legionen über die Alpenpässe und Campodunum, das alte Kempten, in ihre Garnisonen am Grenzwall des römischen Reiches, dem Limes, einrückten. Auf dieser Straße zogen die deutschen Kaiser des Mittelalters nach Rom, auf ihr rollten die Wagen der Augsburger Kaufherren nach Süden, kam der Reichtum in diese Stadt. Auf ihr trug der Stadtbaumeister Elias Holl das in Italien Erschaute nach Hause und machte die Stadt schön, auf ihr holte der Stadtschreiber Conrad Peutinger den Humanismus nach Deutschland.

Augsburgs Hohe Straße markiert Lebenslinien deutscher Geschichte, schwäbischer Weltgeltung.

Diese Hohe Straße führt hinaus in die Welt. Die von den alten Römern geschaffene Verbindung nach dem Süden ist intakt geblieben auch nach 1806, als Augsburg und Ostschwaben zu Bayern kamen, um zu einem wesentlichen Bestandteil des Königreiches Bayern zu werden.

Römisches Kulturgut und schwäbisches Volksblut formten den Grundcharakter des Landes.

Durch diese Straße wehten die großen Veränderungen in die Stadt. Augsburg und Rom, Schwaben und Venezianer, Spätzle und Spaghetti passen gut zusammen.

Spätzle, Kalbsvögele, Flädlesuppe, Zwetschgendatschi weckten Erinnerungen an die gute schwäbische Hausmannskost des Elternhauses. Und als er kurzentschlossen in die nächste Wirtschaft eingetreten war und bei der appetitlichen Kellnerin ein helles Bier und sein Essen bestellt hatte, da wurde ihm eigentlich erst so richtig bewußt: er war heimgekehrt.

Suppen

Leberspätzle-Suppe

125 g Rindsleber, 1 Zwiebel,
30 g Butter, 1 Bündel Petersilie,
4–5 EL Semmelbrösel, Salz, Pfeffer,
2 Eier, etwas Majoran

Die Rindsleber wird fein geschabt, Zwiebel und Petersilie fein gehackt. Dann rührt man die Butter schaumig, gibt Eier, Leber, Zwiebel, Petersilie, Gewürze und Semmelbrösel dazu und läßt den gut verrührten Teig etwas stehen. Nach 10 Minuten etwa drückt man den Teig durch ein Spätzlesieb in die kochende Fleischbrühe. Die Spatzen sind fertig, wenn sie oben schwimmen.
Die Suppe wird mit feingeschnittenem Schnittlauch serviert.

Lebersuppe

200 g Leber, 1 Zwiebel, Petersilie,
1–1½ l Fleischbrühe, 50 g Butter,
ein Stückchen Zitronenschale

Die feingeschabte Leber dünstet man mit der kleingehackten Zwiebel und der Zitronenschale in Butter an, löscht mit der Fleischbrühe ab und läßt die Suppe kurz kochen. Man schmeckt sie mit Salz und etwas Pfeffer ab und streut kleingehackte Petersilie darüber.

Schwäbische Spargelsuppe

500 g Suppenspargel,
2–3 EL Mehl, Salz, Pfeffer,
1–1½ l Brühe, 60 g Butter,
1 Eigelb

Der Spargel wird geschält, in kleine Stücke geschnitten, weichgekocht und passiert. Die Köpfe kocht man gesondert weich.
Aus Butter und Mehl macht man eine helle Schwitze, füllt die Brühe auf, gibt die Spargelköpfe dazu und läßt alles noch mal kurz durchkochen. Abschmecken und mit einem Eigelb legieren.

Grünkernsuppe

50 g Grünkernmehl, 50 g Butter, 1–1½ l Fleischbrühe, 1 Eigelb, etwas Rahm, Petersilie

Das Grünkernmehl in Butter anrösten. Mit Fleisch- oder Knochenbrühe aufgießen, abschmekken und in 10–15 Minuten garkochen. Mit einem Eigelb legieren, mit Rahm verfeinern und mit kleingehackter Petersilie bestreut servieren.

Schwäbische Wurstsuppe

375 g Kartoffeln, je 1 mittelgroße Blut- und Leberwurst, 1 Zwiebel, 1 Möhre, einige Stengel Petersilie, Prise Muskat, 1–1½ l Bouillon

Gemüse raffeln und in der Fleischbrühe 15 Minuten kochen. Dann die frische Blut- und Leberwurst enthäuten, in die Suppe geben und noch einige Minuten mitkochen. Mit gehackter Petersilie servieren. Hierzu werden gern geröstete Weiß- oder Roggenbrotscheiben oder -würfel in die Terrine gegeben.

Hirn-Knöpfle-Suppe

½ Kalbshirn, 20 g Butter, 2 Eier, 1 TL geh. Petersilie, Salz, Muskat, Semmelbrösel, ca. 1–1½ l Fleischbrühe

Das gewaschene, von Blutgerinnseln befreite, gehackte Kalbshirn wird mit den Gewürzen, der weichgerührten Butter und Semmelbröseln vermischt, bis der Teig halbfest ist. Nach 10 Minuten, wenn der Teig »angezogen« hat, formt man kleine Knöpfle daraus und gibt sie in die kochende Fleischbrühe. Kurz aufkochen und dann etwas ziehen lassen.

Einlaufsuppe

3 Eier, 2–3 EL Mehl, Salz, Pfeffer, 1–1½ l Fleischbrühe, Schnittlauch oder Petersilie

Aus dem Mehl, Salz und den Eiern rührt man einen glatten dünnflüssigen Teig und läßt diesen langsam in die kochende Fleischbrühe laufen. Umrühren, kurz aufkochen lassen, abschmekken und mit kleingeschnittener Petersilie oder Schnittlauch bestreuen.

Zwudlsuppe

6 EL Mehl, 1 Ei,
ca. 1½ l Brühe oder Fleischsuppe,
Salz

Aus dem Mehl, etwas Salz und dem Ei bereitet man einen lokkeren Teig, zerbröselt ihn mit der flachen Hand und gibt die Brökkerl oder Zwudln unter Umrühren in die kochende Brühe. 15–20 Minuten kochen lassen.

Milzschnittensuppe

125 g Milz, 1 Ei, 50 g Fett,
Backfett, 1–1½ l Brühe,
2–3 Semmeln, Salz, Pfeffer,
1 Zwiebel, Petersilie

Das Ei wird mit der kleingehackten, in Butter glasig gedünsteten Zwiebel, Petersilie und der geschabten Milz gut verrührt, gewürzt und auf die in Scheiben geschnittenen Semmeln gestrichen. Diese bäckt man auf beiden Seiten, zuerst auf der bestrichenen Seite, in heißem Fett.
Die Milzschnitten werden zu klarer, kräftiger Fleischbrühe gereicht.

Augsburger Originalrezept

Rindfleysch mit Kreyter gesoten

Rindfleischsuppe mit Kräutern

500 g Rindfleisch
(Brust oder Bein),
1 Porreestange, 1 gelbe Rübe,
¼ Sellerieknolle, 1½ l Wasser,
Salz, 50 g Butter,
1 Thymianzweig,
1 Petersilienwurzel, Oregano

Fleisch mit der Porreestange, der gelben Rübe und dem Sellerie in das kalte Wasser geben und ca. 1½ Std. kochen lassen. Salzen, nach einer Stunde die Butter und feingewiegten Kräuter zugeben.

Augsburger Originalrezept

Hecht von den Flus in suden

Würzige Flußhecht-Suppe für 4–6 Personen

800 g Hecht, 1 l Wasser,
1 Zwiebel, 2 Lorbeerblätter,
1 Bund Suppengrün, Salz,
Pfefferkörner, 2–3 EL Butter,
2 EL Mehl, ¼ l herber Weißwein,
Sahne, 1 Eigelb, Petersilie

Den Fisch ausnehmen und grob zerteilen. Die Fischreste (Gräten, Kopf, Flossen etc.) in dem Wasser mit Zwiebelringen, den Lorbeerblättern, dem Suppengrün, Salz und Pfeffer ca. 30 Minuten kochen und danach durch ein feines Sieb seihen.
Aus Butter und Mehl eine helle Mehlschwitze bereiten und mit dem Fischsud auffüllen. 10 Minuten ziehen lassen. Das Fischfleisch zugeben und mit Weißwein aufgießen. Nach 5 Minuten mit Sahne und Ei legieren. Mit feingehackter Petersilie überstreut servieren.

Selchfleischsuppe

500 g Selchfleisch (oder Reste von Selchfleisch, geräuchertem Wammerl oder Speck), 1 Zwiebel,
5–6 Pfefferkörner, Suppengrün,
1½ l Wasser

Selchfleisch oder geräucherte Fleischreste in 1½–2 l Wasser mit dem Grünzeug, der Zwiebel und den Gewürzen 1½–2 Stunden kochen lassen. Durch ein Sieb passieren und abschmecken.

Augsburger Originalrezept

Ramsuden mit Kernla

Rahmsuppe mit Sago,
wie Philippine Welser sie
liebte und lobte

1 l Vollmilch, ¼ l Sahne,
50 g Sago, 1–2 geh. EL Zucker,
Zimt, 1 EL Butter, 2 Eier

Milch und Sahne vermischen, mit dem Sago unter Umrühren aufkochen. Zucker und Zimt zugeben und die Butter einrühren. Nochmals ca. 5 Minuten köcheln lassen. Die Eier unterziehen und servieren.
Nach Geschmack noch Zucker und Zimt zufügen.

Rollgerstlsuppe

1 Tasse feine Rollgerste,
1½ l Brühe oder Fleischsuppe,
40 g Fett, 1 Eigelb, 2–3 EL Essig,
1 kleines Stück ungespritzte
Zitronenschale, Salz, Muskatnuß

Rollgerste gut waschen, in der Brühe mit Fett, Salz und der Zitronenschale zusetzen und ca. 2 Stunden leicht kochen lassen. Von Zeit zu Zeit etwas Flüssigkeit nachgießen. Wenn die Rollgerste weich ist, mit einem Eigelb abziehen, mit Essig und etwas geriebener Muskatnuß abschmekken.

Spätzle-Suppe

Spätzle-Rezept, halbe Menge
(s. Seite 164), Salz, Pfeffer,
1–1½ l Fleischbrühe, Schnittlauch

Die fertigen Spätzle werden gut in kaltem Wasser gespült und dann in die klare, kochende Fleischbrühe gegeben. Man schmeckt die Suppe ab und gibt kleingeschnittenen Schnittlauch darüber.

Riebele-Suppe

1 Ei, 6–8 EL Mehl (je nach Größe
des Eies), 1–1½ l Brühe,
Schnittlauch, Salz, Pfeffer, Muskat

In einem Suppenteller Mehl, Ei und Salz mit einer Gabel vermengen, dann mit den Fingern zerbröseln und die Riebele in die kochende Fleischbrühe geben, umrühren. Kurz weiterkochen lassen, würzen und mit Schnittlauch bestreut servieren.

Flädlesuppe

4–6 Flädle (s. Seite 163), Salz,
Pfeffer, Muskat,
1–1½ l Fleischbrühe, Schnittlauch

Die erkalteten Flädle werden zusammengerollt und in sehr dünne Streifen geschnitten. Man übergießt sie mit kochender Fleischbrühe, bestreut sie mit Schnittlauch und schmeckt die Suppe gut ab.

Tomatensuppe nach Hohenzollern-Art

50 g magerer Speck, gewürfelt,
4 EL gewürfelte Zwiebeln,
300 g enthäutete Tomaten,
in Scheiben geschnitten,
50 g Grieß, 1 l Fleischbrühe, Salz,
Pfeffer, etwas Oregano, 2 Eier,
2 EL feingeschnittener Schnittlauch

Die Speckwürfel auslassen und die Zwiebeln darin andünsten, die Tomatenscheiben dazugeben und 5 Minuten köcheln lassen. Mit Fleischbrühe auffüllen, umrühren, würzen, aufwallen lassen, den Grieß einrühren und auf kleiner Flamme 10 Minuten kochen lassen, bis der Grieß die Suppe leicht bindet. Die aufgeschlagenen Eier einrühren, einmal aufkochen und abschmecken. Mit Schnittlauch bestreut servieren.

Spätzle und Käs' zwischen Lech und Bodensee

Ein königlich bayerischer Staatsrat namens Ritter von Hazzi schrieb 1805 in einem Gutachten folgenden Satz über die Ernährung der Bevölkerung des Allgäus: »Leurs nourritures ne sont que des Noudels.« Mit den »Noudels« sind Spätzle gemeint, und dieses Vorurteil des ehrenwerten Ritters von Hazzi, die Schwaben nährten sich ausschließlich von Spätzle, spukt heute noch in den Köpfen vieler Touristen, die das schöne wald-, berg- und seenreiche Allgäu besuchen. Indessen: Weder verdienen die Spätzle das abwertende Urteil, das nördlich von Lech und Neckar wie ein Bannfluch auf ihnen ruht, noch sind die Schwaben so phantasielos, um nicht zu wissen, was gut schmeckt. Ein Lindauer Hochzeitsbraten, Augsburger Zwetschgendatschi, Blaufelchen aus dem Bodensee – das sind Köstlichkeiten, die Feinschmecker hier zum Seßhaftwerden bewegen könnten!

Nun war das Allgäu nie ein reiches Land, Brot und Mehl waren noch im vorigen Jahrhundert in vielen Dörfern seltene Kostbarkeiten, und Wörishofen war schon weit hinaus bekannt und besucht wegen seiner Wasserkuren, die der Pfarrer Kneipp durchführte, als das Dorf noch keinen eigenen Metzger hatte, und allmorgendlich ein Metzgerbursche aus Türkheim mit einer Kiepe auf dem Rücken durch den Ort zog und Wurst und Fleisch wie ein Hausierer feilbot. Sie sehen, die Allgäuer haben inzwischen was aus sich gemacht und können auch den Besuchern kulinarisch allerhand bieten. Eine Spezialität allerdings pflegte man hierzulande schon zu Zeiten der alten Römer – Milch und Käse. Zur Meisterschaft in der Käserei scheinen die Allgäuer allerdings erst etwas später gelangt zu sein. Martin Luther jedenfalls besang als erster die Tugenden eines echten Allgäuer Käses in einem lateinischen Distichon, zu dessen Übersetzung allerdings etwas Gelehrsamkeit gehört:

Non Argus, largus;
non Methusalem, Magdalena;
Non Habacuc, Lazarus;
Caseus iste bonus.

(Nicht hundertäugig wie Argus, sondern groß; nicht alt wie Methusalem, sondern voller Tränen wie die Sünderin Magdalena; kein Brei, wie ihn Habakuk kochte, sondern – nun – schon ein bißchen »riechend« wie der vom Tode auferweckte Lazarus; dieser Käse ist gut.)

Seit dem vorigen Jahrhundert wird die Milchwirtschaft und die Milchverwertung im Allgäu in großem Stil betrieben. Und heute ist das Allgäu das größte Käseerzeugungsgebiet Deutschlands.

Ziegre-Nudeln

250 g Mehl, 2 Eigelb,
125 g trockener Quark (noch besser schmeckt's mit zwei Stück Philadelphia-Frischkäse),
1 Prise Salz

Das Mehl auf ein Backbrett sieben, mit Eigelb, Salz und Quark zu glattem Teig kneten (falls zu weich, noch etwas Mehl zugeben). Fingerlange und -dicke Nudeln (Röllchen) ausformen, etwas abtrocknen lassen, danach in Fett schwimmend ausbacken.
Zieger oder auch Ziger heißt im alemannischen Sprachraum, im Allgäu also und in der Schweiz, der »Quark«. Ziegre-Nudeln sind für Eingeweihte Quark-, bzw. Topfennudeln und können zu Fleisch- und anderen Gerichten als Beilage, aber auch als Hauptgericht mit verschiedenen Salaten usw. (als Süßspeise mit Zucker bestreut, dazu Kompotte oder Apfelmus) auf den Tisch gebracht werden.

Käs'-Raller

½ l Milch, Mehl,
100 g geriebener Emmentaler,
1 Prise Salz, Butter

Milch in einer Bratpfanne (wenn möglich aus Eisen) zum Kochen bringen. In die kochende Milch mit einem »Zweispitz« (zweizinkige Gabel) so lange gesiebtes Mehl einrühren, bis ein dicker Brei entsteht. Mit brauner Butter abschmelzen, geriebenen Emmentaler dick darüberstreuen. In der Pfanne heiß auf den Tisch bringen.
Dieses derbe Bauerngericht kann mit etwas Phantasie nach heutigem Geschmack verschiedenartig variiert werden. Zum Beispiel: Fertigen Raller zum Gratinieren kurz in's heiße Rohr schieben. Raller eventuell mit Schinkenstreifen oder mit gerösteten Zwiebeln belegen. – Mit Tomaten-Ketchup oder anderen Würzsaucen neuzeitliche Geschmacksnuancen geben. – Mit verschiedenen Salaten servieren.

Käspfannkuchen

4–5 Eier,
1 Tasse Milch oder Buttermilch,
150–200 g Emmentaler,
grob geraspelt, 1–2 EL Mehl, Salz,
Paprika, Petersilie, fein gehackt

Die angegebenen Zutaten gut verschlagen, in eine gut gefettete, nicht zu große Pfanne gießen und den Teig anbacken lassen. Wenn die Unterseite beginnt, hellbraun zu werden, die Pfanne kurz bei Oberhitze ins Backrohr schieben und so lange dort belassen, bis die Oberseite fest, aber noch nicht braun ist. Den dicken Pfannkuchen zusammenklappen, in breite Stücke schneiden und sofort – als Beilage oder mit Salat – servieren.

Flädle, Spätzle, Maultaschen

Flädle

Grundrezept:
4–5 Eier, etwas Milch,
250 g Mehl, Salz, Backfett

Aus den Zutaten rührt man einen glatten, dünnflüssigen Teig und bäckt in wenig heißem Fett dünne Flädle. Sie müssen auf beiden Seiten schön goldbraun sein.
Die Flädle sind vielseitig zu verwenden, als Hauptmahlzeit gefüllt mit Pilzen, Spinat etc., als Nachtisch mit Marmeladenfüllung oder als Suppeneinlage.

Flädle-Auflauf

6–8 Flädle, 1 Zwiebel, Petersilie,
50 g Butter, 250 g Braten
(Kalbs- oder Schweinebraten), Salz,
Pfeffer, Zitronensaft,
1 Glas Weißwein,
etwas Fleischbrühe

Kalter Kalbs- oder Schweinebraten wird durch den Fleischwolf gedreht und in Butter mit kleingehackter Zwiebel und Petersilie angedünstet, gut gewürzt und mit Weißwein und etwas Fleischbrühe aufgegossen.
Nun füllt man Flädle und Fleischsauce schichtweise in eine gut eingefettete Auflaufform, endet mit einem Flädle, setzt Butterflöckchen darauf und überbäckt den Auflauf 20–25 Minuten im Rohr.
Dazu schmeckt grüner und Tomatensalat.

Käseflädle

8–10 Flädle, ½ l Milch, 3 Eier –
Zur Fülle:
200 g geriebener Käse, 2 Eier,
ca. ¼ l saurer Rahm, Salz,
weißer Pfeffer

Aus dem geriebenen Käse, 2 Eiern und dem sauren Rahm, Salz und wenig weißem Pfeffer rührt man eine sämige Masse. Diese füllt man auf die Flädle, rollt sie zusammen und gibt sie in eine Auflaufform. Nun verquirlt man die Milch mit 3 Eiern, gießt sie über die Flädle und bäckt den Auflauf ca. 45 Minuten im Rohr bei mittlerer Hitze.
Dazu schmeckt besonders gut grüner Salat.

Spätzle

Grundrezept:
500 g Mehl, 4–6 Eier,
etwas Wasser, Salz

Aus dem Mehl und den restlichen Zutaten rührt man einen dickflüssigen glatten zähen Teig und schlägt ihn mit dem Kochlöffel so lange ab, bis er Blasen wirft. Im Schwäbischen werden nun die Spätzle in dünnen Streifen mit einer Spachtel oder einem Messer vom Brett ins kochende Salzwasser geschabt. Brett und Messer sind von Zeit zu Zeit gut anzufeuchten, damit der Teig nicht kleben bleibt. Natürlich verwendet man heutzutage auch Spätzle-Siebe oder -Pressen, die die Arbeit sehr erleichtern.
Die schwimmenden Spätzle werden mit einem Schaumlöffel herausgenommen, in heißem klaren Wasser rasch nachgespült und in einer Schüssel warmgehalten.
Spätzle muß man sofort servieren!
Nach Belieben kann man sie in heißer Butter schwenken, mit Butterflöckchen belegen oder kurz abrösten.

Spätzle-Auflauf

Spätzle von 500 g Mehl
(s. Grundrezept),
250 g Sauerkraut,
50 g geriebener Käse, 1–2 Eier,
250 g Schinken, 100 g Butter,
¼ l saurer Rahm

Der Schinken wird kleingeschnitten, in Fett angedünstet und unter die Spätzle und das Sauerkraut gemischt. Den sauren Rahm verquirlt man mit den Eiern und dem Käse und mischt ihn ebenfalls dazu. Das Ganze wird in eine gut gefettete Auflaufform gefüllt und im Rohr 25–30 Minuten überbacken.

Spätzle, abgeröstet

500 g Spätzle, Salz, Pfeffer,
5–6 verklöppelte Eier,
50–60 g Butter

Die Butter in einer Eisenpfanne erhitzen, die Spätzle darin lichtbraun anbraten, des öfteren wenden, würzen und die verquirlten Eier darübergeben. Noch so lange auf dem Herd lassen bis die Eier gestockt sind. Mit frischem grünen Salat zu Tisch bringen.

Gaisburger Marsch

1–1½ Pfund Suppenfleisch,
gut ½ Pfund Spätzle, Salz, Pfeffer,
Muskat, 500 g Kartoffeln,
2 gelbe Rüben, 1 Stück Sellerie,
Petersilie

Das Suppenfleisch wird in 1½ l Wasser zugesetzt, abgeschäumt und weichgekocht. In der Zwischenzeit putzt man die Gemüsezutaten und schneidet sie in kleine Würfel bzw. Scheiben. Die Fleischbrühe gießt man durch ein Sieb und kocht darin Kartoffeln, Sellerie und gelbe Rüben weich. Nun kommen das in grobe Stücke geschnittene Fleisch und die Spätzle dazu. Abschmecken und in einer großen Schüssel mit viel gehackter Petersilie bestreut servieren!

Maultaschen

Zum Teig:
500 g Mehl, 3–4 Eier, Salz,
lauwarmes Wasser –
Zur Fülle:
2 Semmeln vom Vortag,
250 g Hackfleisch vom Schwein,
2 Eier, 375 g gehackter Spinat,
1 Zwiebel, Salz, Pfeffer,
etwas Butter

Aus Mehl, Eiern, Salz und etwas lauwarmem Wasser bereitet man einen Nudelteig, den man kräftig abarbeitet, dann in ein Tuch schlägt und 30 Minuten liegen läßt.
Nun macht man die Fülle: Die eingeweichten, gut ausgedrückten Semmeln werden mit dem Hackfleisch, Eiern, der in Butter gedünsteten kleingehackten Zwiebel, dem gekochten feingewiegten Spinat und den Gewürzen vermengt.
Den Nudelteig rollt man auf einem gut bemehlten Brett dünn aus und schneidet ihn in ca. 12 cm große Quadrate. Auf diese kommt je 1–1½ Eßlöffel von der Fülle. Die Ränder bestreicht man mit Eiweiß, legt sie zu Dreiecken zusammen und drückt die Ränder gut fest.
Die Maultaschen werden in kochendem Salzwasser gegart, bis sie obenauf schwimmen. Dann nimmt man sie mit einem Schaumlöffel heraus und serviert sie in einer großen Schüssel mit heißer Butter darüber.
Dazu gibt es frische Salate nach Jahreszeit.

Käse-Spätzle

Spätzle aus 500 g Mehl
(s. Grundrezept Seite 164),
2 große Zwiebeln,
200 g geriebener Emmentaler,
100 g Butter

Die fertigen Spätzle sofort schichtweise mit geriebenem Käse in eine vorgewärmte Schüssel füllen, die gewürfelten, in Butter gerösteten Zwiebeln darübergeben und durchmischen, wobei der Käse richtige Fäden zieht. Sofort servieren! Dazu paßt Salat oder Sauerkraut.

Schwäbische Nudeln

375–500 g Nudeln,
(breite Nudeln oder Hörnchen),
60 g Butter, 100 g geriebener Käse

Nudeln in leicht gesalzenem Wasser weichkochen, abseihen und sofort schichtweise mit geriebenem Käse und Butterflöckchen in eine vorgewärmte Schüssel füllen. Mit grünem und Tomatensalat servieren!

Nudelsalat, schwäbische Art

150–200 g gekochte Nudeln, Essig,
Öl, Salz, Pfeffer, 1 Tasse Erbsen
und Karotten aus der Dose,
150–200 g Schinken oder
Fleischwurst, evtl. Spargelspitzen,
feingehackte Petersilie

Schinken oder Fleischwurst würfelig schneiden und mit den Erbsen und Karotten unter die Nudeln geben. Mit Salz, etwas Pfeffer, Essig, Öl anmachen und mindestens eine Stunde ziehen lassen. Nach Geschmack mit Spargelspitzen verfeinern und mit Petersilie verzieren.

Fleischgerichte

Schwäbische Schnitzel

4 nicht zu dünne, gespickte Lendenschnitten, 2 Zwiebeln, Salz, Pfeffer, gehackte Petersilie, 1/8 l saurer Rahm, 100 g Fett, etwas Zitronensaft

In einer feuerfesten Form oder einer Bratpfanne läßt man das Fett heiß werden, gibt Zwiebelringe und das gewürzte Fleisch dazu, läßt an beiden Seiten schön braun anbraten, löscht mit saurem Rahm und etwas Brühe oder Wasser ab, schmeckt mit Zitronensaft ab und serviert die schwäbischen Schnitzel mit Salzkartoffeln oder Teigwaren und Salaten.

Schwäbischer Hochzeitsbraten

1000 g Schmorfleisch, 50 g Speck, 50 g Fett, 2 EL Mehl, 1 EL Zucker, 1 Glas Rotwein, 50 g Weinbeeren –
Zur Beize:
1 Tasse Essig, 2 Lorbeerblätter, 2 Nelken, 1 Zwiebel, Salz, Pfeffer, 1 Stück Zitronenschale, ca. 1 l Wasser

Das gewaschene Fleisch wird 2–3 Tage in eine Beize aus obenstehenden Zutaten gelegt. Es muß mit der Flüssigkeit bedeckt sein und soll ein- bis zweimal gewendet werden. Nun dünstet man es mit den Speckscheiben und etwas Beize weich. Falls die Flüssigkeit zu sehr einbrät, gießt man nochmals nach.
Aus Butter, Zucker und Mehl bereitet man eine hellbraune Schwitze, gießt mit der Sauce und einem Teil der Beize auf und kocht noch gut durch. Die Sauce wird durch ein Sieb passiert, mit einem Glas Wein und den Weinbeeren verfeinert, nochmals durchgekocht und abgeschmeckt. Dazu ißt man Schmalznudeln oder anderes Schmalzbackwerk.

Filetbraten

1000 g Rinderfilet, 100 g Fett, Salz, Pfeffer, 1/8 l saurer Rahm, 50 g Speck, 2 Karotten, 1 Stück Sellerie, 1 Zwiebel

Das Filet wird abgehäutet, gewaschen, gespickt und mit Salz und Pfeffer eingerieben. Das Fett läßt man in der Bratreine heiß werden, gibt das Fleisch sowie das gewaschene, kleingeschnittene Gemüse hinein und läßt es bei mittlerer Hitze ca. 30 Minuten im Rohr. Der Braten wird öfter mit wenig Fett begossen. Das Gemüse darf nicht zu braun werden, da es sonst bitter schmeckt. Das Filet muß innen zartrosa und außen schön hellbraun sein, man darf es keineswegs zu lange im Rohr lassen.
Nachdem man das Fleisch aus der Reine genommen hat, gießt man mit etwas Fleischbrühe auf, passiert die Sauce durch ein Sieb und verfeinert sie mit saurem Rahm und einer Prise Zucker.

Rahmschlegel

1000 g Kalbfleisch von der Nuß, 100 g Fett, 1/4 l saurer Rahm, 1 Glas Weißwein, Salz, Pfeffer, 50 g Speck zum Spicken, 1 Karotte, 1 Zwiebel, je 1 Stück Sellerie und Lauch, 1 Knoblauchzehe, Fleischbrühe zum Aufgießen

Das Fleisch wird enthäutet, gewaschen, gespickt und mit Salz und weißem Pfeffer gewürzt. In einem Topf erhitzt man das Fett, gibt das Fleisch und das gut gewaschene, kleingeschnittene Gemüse hinein und läßt alles schön hellbraun andünsten. Dann erst gießt man nach und nach wenig Fleischbrühe zu und läßt das Fleisch weichdünsten. Man passiert die Sauce durch ein Sieb, schmeckt sie mit Weißwein, saurer Sahne und einer Prise Zucker ab, läßt sie noch einmal kurz durchkochen und serviert den Rahmschlegel mit schwäbischen Spätzle.

Gespickter Kalbsschlegel

1000 g Kalbsschlegel, 50 g Speck, 50 g roher Schinken, 50 g Fett, 1 gelbe Rübe, 1 Stück Sellerie, 1 Zwiebel, etwas Knoblauch, 1 Lorbeerblatt, Petersilie, Salz, Pfeffer, 1 Tasse Fleischbrühe, 1 Tasse Weißwein, evtl. saure Sahne, Zitronensaft, Zucker

Der Kalbsschlegel wird abgehäutet, mit Schinken- und Speckstreifen gespickt, mit Salz und Pfeffer eingerieben und in Fett mit den restlichen Speck- und Schinkenwürfeln, kleingeschnittener Zwiebel, gelber Rübe, Sellerie und den Gewürzen angebraten, bis das Fleisch Farbe angenommen hat. Dann gießt man mit Brühe und Weißwein auf und dämpft den Kalbsschlegel weich. Wenn die Flüssigkeit zu sehr einbrät, nochmals etwas Brühe nachgießen. Die Sauce wird abgeschmeckt, nach Belieben mit etwas saurer Sahne, Zitronensaft und etwas Zucker, dann durch ein Sieb passiert und eventuell abgefettet. Dazu passen junge Gemüse, wie z. B. Erbsen, Bohnen, Karotten und Kartoffelbrei.

Augsburger Sauerbraten

1000 g Sauerbratenfleisch vom Rind, 50 g Fett, 3–4 EL Mehl, 1 TL Zucker
Zur Beize:
1/4 l Weinessig, 1 1/2 l Wasser, 1 gelbe Rübe, 1 Zwiebel, 2–3 Lorbeerblätter, 2 Nelken, 6 Wacholderbeeren, Salz, Pfeffer

Das Fleisch legt man 3 Tage in die Beize, am besten in einem Steinguttopf. Für die Beize Essig, Wasser, Gewürze, die kleingeschnittene gelbe Rübe und die Zwiebel aufkochen, abkühlen lassen und über das Fleisch gießen, das Fleisch muß gut bedeckt sein.
Das Fleisch abtropfen lassen, in heißem Fett von allen Seiten braun anbraten und nach und nach mit der Beize aufgießen. Kochzeit ca. 2 Stunden. Fleisch herausnehmen, die Sauce durch ein Sieb passieren, Mehlteiglein daranrühren, einmal aufkochen lassen, abschmecken. Fleisch in Scheiben schneiden und in die Sauce zurückgeben.
Dazu Spätzle oder Nudeln reichen.

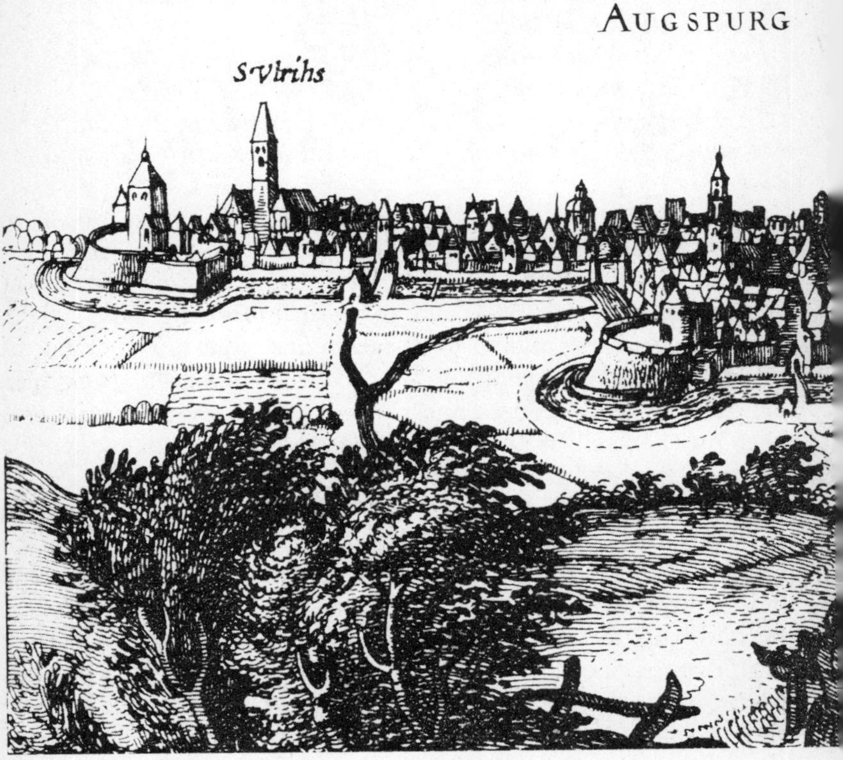

Augsburg. Radierung, Peter Bertius, Amsterdam, 1619.

Thum Kirch

Schweinefleisch mit Tomaten

1000 g mageres Schweinefleisch,
2 Zwiebeln, 1/8 l saurer Rahm,
500 g geschälte Tomaten,
100 g Fett, Salz, Pfeffer,
1 Prise Zucker

Das Schweinefleisch wird gewaschen und in große Würfel geschnitten. Die Zwiebeln schneidet man in Ringe und brät sie mit dem gut gewürzten Fleisch in heißem Fett 10 Minuten an. (Die Zwiebeln dürfen nicht zu braun werden, da sie sonst bitter schmecken.) Nun kommen die halbierten, geschälten Tomaten dazu. Das Fleisch läßt man weichschmoren. An die Sauce kommt saurer Rahm und eine Prise Zukker. Dazu schmecken Reis oder Kartoffelbrei und Salate.

Schwäbische Kalbsbriese

2–3 Kalbsbriese, je nach Größe,
250 g Pfifferlinge, 1 TL Mehl,
60 g Butter, 1 Zwiebel, Petersilie,
1/8 l saurer Rahm, Zitronensaft,
Salz, Pfeffer

Die Kalbsbriese legt man 30 Minuten in heißes Wasser und häutet sie ab. Zwiebel kleinschneiden und in heißem Fett glasig anlaufen lassen, die Briese und die gesäuberten Pilze dazugeben, ganz wenig Wasser dazugeben, würzen und weichdünsten. Mit Mehl anstäuben, wenden, mit Sahne und Zitronensaft abschmecken. Dazu Kartoffelbrei.

Kalbsvögele

4 Kalbsschnitzel, 1 Essiggurke,
Salz, Pfeffer, Petersilie,
1/8 l saure Sahne,
4 Scheiben Schinken, 50 g Speck,
60 g Butter, etwas Senf,
etwas Fleischbrühe

Die Schnitzel werden leicht geklopft, mit Salz und Pfeffer bestreut. Auf jedes eine Scheibe Schinken legen und mit etwas Senf bestreichen. Petersilie, Essiggurke und Speck kleinschneiden, auf die Schinkenscheiben verteilen und die Fleischstücke zusammenrollen. Mit Faden umwickeln oder mit einem Zahnstocher feststecken. In einem Tiegel mit Butter anbraten, weichdünsten, mit Fleischbrühe aufgießen, wenig Mehl daranstäuben und die saure Sahne dazugeben. Abschmecken und zu Reis oder Spätzle mit Salaten servieren.

Kalbshaxe, geschmort

1 Kalbshaxe, Salz, Pfeffer, etwas Brühe, 50 g Speck, Kapern, Zitronensaft, saure Sahne

Die Kalbshaxe läßt man sich vom Metzger in 3 Teile schlagen, löst die Knochen vorsichtig aus, würzt und brät sie mit dem in kleine Würfel geschnittenen Speck auf allen Seiten gut an. Wenn das Fleisch Farbe angenommen hat, gießt man mit Fleischbrühe auf, läßt einschmoren, gießt nochmals Brühe auf und läßt weichschmoren. Kapern, Zitronensaft und saure Sahne an die Sauce geben, abschmecken und Kartoffelbrei und Salate dazu reichen.

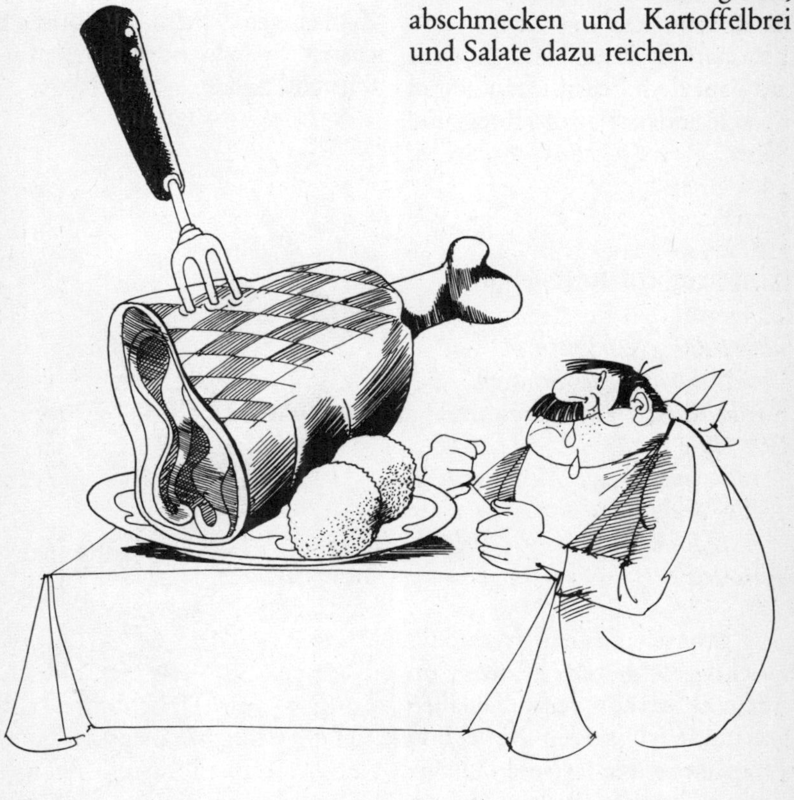

Rahmschnitzel

4 Kalbsschnitzel, 80 g Fett,
1/8 l saurer Rahm, Salz, Pfeffer,
Zitronensaft, 1 Prise Zucker

Die Kalbsschnitzel werden leicht geklopft, gewürzt und in heißem Fett auf beiden Seiten gut angebraten. Dann gibt man den Rahm dazu, schmeckt mit Zucker und Zitronensaft ab und läßt sie noch kurz auf dem Feuer. Dazu gibt es Spätzle oder Kartoffelbrei und Salate.

Eingemachtes Kalbfleisch

750–1000 g Kalbfleisch
(Brust, Schulter oder Schlegel),
1 gelbe Rübe, 1 Petersilienwurzel,
Salz, 40 g Butter, 1–2 EL Mehl,
1 Stück ungespritzte Zitronenschale,
1 Glas Weißwein,
etwas Zitronensaft, 1/4–1/2 l Brühe,
gehackte Petersilie

Das gewaschene Fleisch wird in Stücke geschnitten, gesalzen, in heißer Butter mit der in Scheiben geschnittenen gelben Rübe und Petersilienwurzel sowie feingehackter Zitronenschale zugedeckt angedünstet. Hat das Fleisch Farbe angenommen, nimmt man es heraus, gibt das Mehl daran, gießt mit Brühe und Wein auf, bis die Sauce sämig ist und passiert diese durch ein Sieb. Jetzt das Fleisch wieder hineingeben, etwas Zitronensaft hinzufügen und weichkochen lassen. Kurz vor dem Servieren gehackte Petersilie darüberstreuen.

Zu eingemachtem Kalbfleisch passen Spätzle oder Salzkartoffeln und Salate.

Kalbsschnitzel, gedünstet

4 fingerdicke Kalbsschnitzel,
50 g Speck, Salz, weißer Pfeffer,
300 g frische Champignons,
1 Glas Weißwein, etwas Brühe,
Petersilie, Zitronensaft,
etwas Zucker,
eventuell saure Sahne

Speck würfeln und glasig andünsten, Schnitzel würzen und dazugeben. Auf beiden Seiten anbraten, bis sie Farbe angenommen haben. Mit Weißwein und wenig Brühe aufgießen und dünsten. Champignons waschen, in Scheiben schneiden und dazugeben. Mit Zitronensaft, wenig Zucker und nach Geschmack mit etwas saurer Sahne abschmecken. Mit Reis, Nudeln oder Kartoffelbrei servieren.

Brätknöpfle

500 g Kalbsbrät, 3–4 EL Mehl,
2 Eier, Petersilie, 1/2 l Milch,
6–8 EL Semmelbrösel, Salz,
Pfeffer, Backfett

Das Kalbsbrät wird mit der Milch, den Eiern, kleingehackter Petersilie und den anderen Zutaten zu einem festen Brei verrührt. Daraus sticht man mit einem Teelöffel Knöpfle ab und gibt sie in kochendes Salzwasser. Kurz kochen und dann 15–20 Minuten ziehen lassen. Nun nimmt man sie mit einem Schaumlöffel heraus und röstet sie in Butter goldgelb.
Bratknöpfle schmecken zu jeder Art von Salat.

Rahmgulasch

1000 g Kalbfleisch, 80 g Fett, Salz,
weißer Pfeffer, 2 Zwiebeln,
1/4 l saurer Rahm, 1/2 TL Zucker,
etwas Zitronensaft

Das Fleisch wird gewaschen und in Würfel geschnitten. Nun läßt man das Fett heiß werden, gibt das Fleisch und die kleingehackten Zwiebeln dazu, würzt und läßt es von allen Seiten gut anbraten. Mit Brühe oder etwas lauwarmem Wasser ablöschen und weichdünsten. Nun gibt man den sauren Rahm an die Sauce, schmeckt sie mit etwas Zucker und Zitronensaft ab und serviert das Gulasch mit Reis, Spätzle, Kartoffelbrei oder Semmelknödeln und Salaten.

Hammelbraten in Senfsauce

1000 g Hammelfleisch (Schlegel), 80 g Fett, 2–3 Speckscheiben, 2–3 EL Öl, Salz, Pfeffer, 2 EL scharfer Senf, 1 Zwiebel, 1 Karotte, 1 Knoblauchzehe, 1/2 TL Zucker, etwas Ingwer, 1/8 l saurer Rahm

Das Hammelfleisch waschen, abhäuten, abtrocknen und mit einer Paste aus Senf, Öl, Salz und Pfeffer bestreichen und zwei Tage im Kühlschrank stehenlassen.
Nun brät man das Fleisch mit der kleingeschnittenen Zwiebel, gelber Rübe, Knoblauchzehe und den Speckscheiben an, bis es eine schöne hellbraune Farbe angenommen hat. Mit etwas Brühe oder Wasser aufgießen, Ingwer dazugeben und weichschmoren. Nach Bedarf von Zeit zu Zeit etwas Flüssigkeit zugeben. Schmorzeit etwa 1 1/2 Stunden. Nun passiert man die Sauce durch ein Sieb, schmeckt sie mit saurem Rahm, einer Prise Zucker und einem Schuß Weißwein ab und reicht dazu Spätzle, Salzkartoffeln oder Kartoffelbrei und Gemüse.

Schweine- oder Kalbsherzen in Tomatensauce

1 Kalbs- oder 2 Schweineherzen, je nach Gewicht und Größe, 80 g Fett, Salz, Pfeffer, 4 geschälte Tomaten, 1 Zwiebel, 1/8 l saurer Rahm, 1 Karotte, 1 EL Tomatenmark, Zitronensaft

Die Herzen halbieren, sauber waschen, von Blutgerinnseln befreien, würzen und in heißem Fett mit der in Scheiben geschnittenen Zwiebel und Karotte gut anbraten. Mit etwas Brühe oder Wasser aufgießen, die Tomaten und das Tomatenmark dazugeben und weichdünsten. Die Sauce verfeinert man mit saurem Rahm und Zitronensaft, schmeckt noch einmal ab und serviert dazu Reis oder Kartoffelbrei und grünen Salat.

Krautwickerl

1 Kopf Weißkraut, 50 g Speck,
30 g Fett, $1/4$–$1/2$ l Brühe,
$1/8$ l saurer Rahm, eventuell
1 kleine Dose Tomatenmark –
Zur Fülle:
500 g Hackfleisch, Salz,
Pfeffer, 1 feingehackte Zwiebel,
1 altbackene Semmel, Petersilie

Vom Weißkraut entfernt man die häßlichen äußeren Blätter, schneidet den dicken Strunk heraus und kocht das Kraut 10 Minuten in Salzwasser. Nun löst man 12–14 große Blätter ab und läßt sie auf einem Sieb abtropfen.

Aus dem Hackfleisch, der eingeweichten und ausgedrückten Semmel und allen anderen Füllzutaten bereitet man einen Teig, den man gut vermischt, und füllt davon in jedes Blatt je nach Größe 1–2 EL voll. Die Blätter werden eingerollt, mit starkem Zwirn umwickelt und mit einem Hölzchen festgesteckt (es gibt auch extra Klammern dafür). Jetzt wird in einem Topf oder in der Bratreine das Fett erhitzt, der in Streifen geschnittene Speck und die Krautwickel dazugegeben und diese von beiden Seiten gut angebraten. Dann füllt man mit $1/4$ l Brühe auf. Die Krautwickel müssen ca. 1 Stunde dämpfen und zwischendurch immer wieder begossen werden. Zum Schluß schmeckt man die Sauce mit saurem Rahm und eventuell mit Tomatenmark ab. Dazu gibt's Kartoffelpüree.

Wild

Rehschnitzel mit Pilzen

4 gut abgelagerte Rehschnitzel (vom Schlegel), 40 g Speck, 150 g Reherl (Pfifferlinge), 1/8 l saure Sahne, Salz, Pfeffer, Prise Zucker, etwas Zitronensaft

Die Rehschnitzel werden gewürzt und mit Speckwürfeln in einer Pfanne angebraten, bis sie Farbe angenommen haben. Etwas Brühe oder Wasser aufgießen. Die Pfifferlinge, in Bayern Reherl genannt, putzen und dazugeben. 10 Minuten schmoren und die Sauce mit saurer Sahne, einer Prise Zucker und etwas Zitronensaft abschmecken.
Dazu gibt's Teigwaren oder Kartoffelbrei, Preiselbeeren und Salat.

Augsburger Originalrezept

Gefilte Wachtl mith Wildbrett von Ayr

Gefüllte Wachteln auf Eierteigstäbchen

4 Wachteln, Salz, Pfeffer,
100 g Speckscheiben zum Bardieren
Zur Füllung:
200 g Wildfleisch,
Leber und Herz der Wachteln,
Majoran, Rosmarin, Salz, Pfeffer,
2 Knoblauchzehen,
2 Gläschen Armagnac,
4 EL Sahne,
4 EL gehackte Pistazien,
4 EL Semmelbrösel

Die ausgenommenen Wachteln waschen und trocknen. Dann wenig salzen, aber gut pfeffern.
Für die Füllung Wildfleisch und Innereien fein hacken, mit den Gewürzen, den zerdrückten Knoblauchzehen, Armagnac, Sahne, Pistazien und Semmelbröseln gut vermengen und ca. 1 Stunde zugedeckt ziehen lassen. Dann die Wachteln mit der Farce füllen, verschließen und mit den Speckstreifen bardieren. Im vorgeheizten Backofen (E. 200°) ca. 30 Minuten braten. Während dieser Zeit immer wieder mit dem Bratfett begießen. Dazu gibt's

Wildbrett von Ayr
(Eierteigstäbchen)

2 Eier, 1/4 l Milch, 500 g Mehl, Kümmel, Majoran, Kerbel, Safran, Salzwasser, Fett zum Ausbacken, 2 harte gekochte Eier, Pfeffer, Wasser, Salz

Eier und Mehl zu einem festen Teig verkneten, mit den Gewürzen abschmecken und mit Safran färben. Den Teig in ein Leinentuch als Kloß einbinden und in dem kochenden Salzwasser gut 1 1/4 Stunden ziehen lassen.
Den festen Kloß aus dem Wasser nehmen und in fingerdicke Streifen schneiden. Im heißen Ausbackfett schwimmend knusprig backen und mit den kleingehackten, harten Eiern und großgemahlenem Pfeffer überstreuen. Die Wachtel darauf anrichten und servieren.

Fischgerichte

Bodensee-Wels (Waller), blau

1000 g Wels, ¼ Pfund Butter,
Salz –
Zum Sud:
1½ l Wasser, 2 EL Salz,
1 Tasse Essig, Fischgewürz
(gibt es fertig abgepackt zu kaufen)

Aus Wasser, Salz, Essig und dem Fischgewürz bereitet man einen Sud.
Der Wels, oder ein Stück von einem Wels, wird gut geschuppt, gewaschen und innen wie außen eingesalzen. Dann gibt man ihn in den kochenden Sud, zieht den Topf vom Herd und läßt ihn je nach Größe 20–30 Minuten ziehen.
Angerichtet wird er auf einer vorgewärmten Platte. Man ißt Salzkartoffeln, zerlassene Butter und Kopfsalat dazu.

Bodensee-Blaufelchen

4 Blaufelchen, Salz,
¼ Pfund Butter, Zitrone

Die Felchen werden geschuppt, ausgenommen, gewaschen und mit einem Tuch etwas abgetrocknet. Dann werden sie gesalzen, mit Zitrone beträufelt und in Butter schön hellbraun gebraten.
Mit zerlassener Butter, Salzkartoffeln und Salat servieren.

Aal in Salbei

1 kg Aal,
16 große, frische Salbeiblätter,
schwarzer Pfeffer, Salz,
Zitronensaft, Butter zum Braten

Den Aal enthäuten und mit einem Messer in ca. 6 cm lange Stücke schneiden, die jeweils ausgenommen und gewaschen werden. Abtupfen, würzen, in Salbeiblätter wickeln und diese mit Zahnstochern befestigen. In heißer Butter anbraten und zugedeckt ca. 20 Minuten dünsten. Die Salbeiblätter sollen dabei grün bleiben. Auf vorgewärmter Platte, mit Butter übergossen, servieren. Dazu passen Salzkartoffeln und Gurkensalat.

Augsburger Originalrezept

Salm mit Wirtzkreyter Salse

Salm mit Kräutersauce

Aus dem Kochbuch der schönen »Philippine Welser«

1 kg Salm, 1 l herber Weißwein, 4 Zwiebeln, 2 gelbe Rüben, Thymian, Petersilie, Kerbel, Dill, Pfefferkörner, Salz, Zitrone, 2 Eigelb

Aus dem Wein, den Kräutern, den in Ringe geschnittenen Zwiebeln, 1 EL Salz und den Pfefferkörnern einen Fischsud bereiten und kurz aufkochen lassen. Den ausgenommenen Salm mit Zitrone einreiben und in den Sud geben. 5–8 Minuten brodelnd kochen lassen. Den Fisch herausnehmen. Den Sud mit 2 Eigelb legieren und über den angerichteten Fisch geben.

Gemüse

Filderkraut

1000 g Filderkraut (Weißkraut),
50 g Schweineschmalz,
50 g magerer Speck,
8 EL gewürfelte Zwiebeln,
1/8 l Apfelessig, 1/4 l Fleischbrühe,
Salz, Kümmel, weißer Pfeffer

Den Speck würfeln und mit den Zwiebeln im Schweineschmalz anbraten, das in Streifen geschnittene Kraut dazugeben, umrühren, würzen und mit Fleischbrühe und Apfelessig aufgießen. Zudecken und sachte schmoren lassen, bis das Kraut weich ist. Mit einem Schuß Apfelmost erhält das Filderkraut eine pikante Note. Es eignet sich als Beilage zu Rinder- oder Schweinebraten genauso gut wie zu Hackbraten oder Fleischküchlein.

Schwäbische Linsen

250 g Linsen, 1 l Fleischbrühe,
1 Zwiebel, gespickt mit 2 Nelken und 1 Lorbeerblatt,
100 g magerer Speck,
8 EL gewürfelte Zwiebeln,
4 EL Mehl, Salz, Suppenwürze

Die Linsen am Vorabend in kaltem Wasser einweichen. Abgießen und in der Fleischbrühe, zusammen mit der geschälten, gespickten Zwiebel weichkochen. Den Speck würfeln und mit den Zwiebeln anbraten, das Mehl hineinrühren und anrösten, bis es leicht bräunlich wird. Alles zusammen unter die Linsen rühren und noch einmal aufkochen lassen. Mit Salz und Suppenwürze abschmecken. Nach Wunsch mit Apfelessig nachwürzen. Als Beilage eignen sich in Butter geschwenkte Spätzle und heiße Saitenwürstchen.

Augsburger Originalrezept

Gelbem Ruben
Junge Karotten nach Art der Philippine Welser

750 g junge Karotten, 1 Zwiebel,
50 g Schmalz oder Butter,
etwas Wasser oder Brühe,
1 Prise Salz, 1 TL Zucker,
1/8 l Sahne, Petersilie, Majoran,
Pfeffer, 20 g Butter

Die jungen Karotten nur waschen und im ganzen mit der feingehackten Zwiebel in einen Topf mit zerlassenem Schmalz geben. Mit Zucker und Salz würzen und zugedeckt 5 Minuten lang schmoren lassen. Nachsehen, ob sich ausreichend Flüssigkeit gebildet hat. Sie sollte ca. 2 cm hoch im Topf stehen. Gegebenenfalls etwas Wasser oder Brühe angießen und weiterschmoren lassen. Nach 20 Minuten Sahne, Petersilie und Majoran zugeben, mit Pfeffer abschmecken und ohne Deckel unter Schütteln den Saft einkochen lassen. In der Butter schwenken und servieren.

Allerlei Süßes

Ofenschlupfer

6–8 Semmeln vom Vortag,
1 l Milch, 5 EL Zucker,
Vanillezucker, 1/4 l süßer Rahm,
3 Äpfel, 4 Eier, etwas Fett

Milch, Eigelb, Zucker, Rahm und Vanillezucker werden gut verquirlt und die in dünne Scheiben geschnittenen Semmeln damit übergossen. Eischnee und die in kleine dünne Scheibchen geschnittenen Äpfel darunterheben und alles in eine gut gefettete Auflaufform füllen.
Bei schwacher Hitze wird der Auflauf ca. 45 Minuten im Ofen gebacken.
Dazu gibt es Kompott nach Jahreszeit.

Süße Flädle

6–8 Flädle, Marmelade,
etwas Puderzucker

Die frisch gebackenen Flädle werden mit Marmelade bestrichen, zusammengerollt und mit Puderzucker bestreut als Nachtisch serviert.

Hutzelbrot

500 g Hutzeln (Dörrbirnen),
500 g Zwetschgen, gedörrt,
500 g Feigen, 50 g Zitronat,
50 g Orangeat, 500 g Mehl,
500 g Weinbeeren (halb Rosinen),
1 TL Anis, 30 g Hefe,
250 g Haselnüsse, 250 g Mandeln,
150 g Zucker, 1 EL Zimt,
5 gestoßene Nelken, 1/2 TL Salz,
ca. 1/4 l Hutzelbrühe

Hutzeln und Zwetschgen über Nacht einweichen, am anderen Morgen von den Birnen Stengel und Blüte entfernen und ca. 15 Minuten kochen, abkühlen lassen, die Zwetschgen entkernen. Aus Hefe, 2 EL Mehl, 1 EL Zukker und etwas Hutzelbrühe ein Vorteigchen machen, wenn es gegangen ist, mit Mehl, Zucker, Salz und Hutzelbrühe einen zähen, festen Hefeteig herstellen. Nach und nach die Früchte und andere Zutaten dazugeben (Mandeln und Nüsse grob raspeln, Zitronat und Orangeat in dünne Streifen schneiden). Den Teig gut durcharbeiten, bis er sich von der Schüssel löst, Laibchen formen, mit Mandeln verzieren und einige Stunden in einem warmen Raum gehen lassen. Auf einem gut gefetteten Backblech werden die Laibchen bei fester Hitze schön braun gebacken. Noch warm werden sie mit etwas Hutzelbrühe bestrichen, daß sie schön glänzen.

Pfitzauf

250 g Mehl, 4–5 Eier, 60 g Butter,
½ l Milch, etwas Salz,
Butterschmalz zum Backen,
1 Msp Backpulver

Der schwäbische Pfitzauf wird in speziell dafür angefertigten Formen aus Ton gebacken.
Aus Mehl, Milch, Eiern, der zerlassenen Butter und etwas Salz macht man einen glatten Teig. In die Formen gibt man je einen Eßlöffel zerlassenes Butterschmalz, setzt den Teig darauf und bäckt ihn 35–40 Minuten. Zum schwäbischen Pfitzauf gibt es Kompott.

Kirschenmichel

1 kg Kirschen, 125 g Butter,
125 g Zucker, 4 Eier,
250 g geriebenes Schwarzbrot oder
Semmelbrösel, ⅛ l Kirschsaft,
50 g geriebene Haselnüsse,
1 Päckchen Vanillezucker,
etwas Zimt, 2–3 EL Kirschwasser

Die Kirschen werden gewaschen und entkernt. Das geriebene Schwarzbrot oder die Semmelbrösel übergießt man mit dem Saft und dem Kirschwasser. Unter die schaumig gerührte Butter gibt man Zucker, Eigelb, Haselnüsse, etwas Zimt, Vanillezucker und vermengt es locker mit den Bröseln. Der steifgeschlagene Eischnee wird daruntergehoben und das Ganze in einer mit Butter ausgestrichenen Auflaufform ca. 1 Stunde im Ofen gebacken (Mittelhitze).

Eierhaber

400 g Mehl, gut 1/4 l Milch,
4–6 Eier, Salz, Backfett

Mehl, Milch, Salz und Eigelb zu einem glatten Teig verrühren und das zu Schaum geschlagene Eiweiß darunterheben. In einer Eisenpfanne Fett erhitzen, den Teig hineingeben, auf beiden Seiten goldgelb backen, mit zwei Gabeln in Stücke zerteilen und weiterbacken, bis der Eierhaber goldbraun ist. Nach Geschmack mit Salaten oder Kompott servieren.

Semmelschmarrn

8–10 Semmeln vom Vortag,
1/4 l Milch, 3–4 Eier, 2 EL Zucker

Semmeln halbieren, in dünne Scheiben schneiden und in eine Schüssel geben. Die Milch mit den Eiern und dem Zucker verquirlen, darübergießen und 20 Minuten stehen lassen. Fett in

der Stielpfanne heiß werden lassen und die Semmelmasse in 2–3 Portionen schön goldgelb herausbacken. Der Semmelschmarrn muß in Stücke zerteilt und öfter umgeschaufelt werden. Man richtet ihn auf einer vorgewärmten Platte an, bestreut ihn mit Zucker und reicht Kompott dazu.

Schwäbischer Kaffeekuchen „Krawatte"

500 g Mehl, 20 g Hefe, 1/4 l Milch,
100 g Zucker, 1 Prise Salz,
2 Eier, 80 g Butter oder Margarine,
abgeriebene Schale einer 1/2 Zitrone
Füllung:
3–4 EL zerlassene Butter,
150 g Sultaninen, 2 EL Zucker,
1 Päckchen Vanillinzucker

Einen Hefeteig ohne Vorteig zubereiten (s. Grundrezept Seite 79), dabei die Hefe in der lauwarmen Milch auflösen, den Teig geschmeidig kneten und an einem warmen Platz in einer Schüssel gehen lassen. Etwa 2 cm dick ausrollen, mit zerlassener Butter bestreichen – etwas davon zurückbehalten –, die gewaschenen, abgetropften Sultaninen und den Zucker daraufstreuen, den Teig zusammenrollen, auf ein gefettetes Backblech setzen und noch einmal kurz an einem warmen Platz gehen lassen. Dann die Rolle in der Mitte der Länge nach einschneiden und mit der restlichen Butter bepinseln. Etwa 45 Minuten bei Mittelhitze hellbraun backen und noch warm mit Zuckerguß bestreichen oder einfach mit Puderzucker bestreuen.

Schneiderflecke

Rohrnudelteig (Hefeteig) aus
500 g Mehl (s. Grundrezept S. 79),
125 g Butter, Zucker zum Bestreuen

Der gegangene Rohrnudelteig wird ungefähr 1 cm dick ausgerollt und in viereckige Flecke geschnitten. Diese legt man in die Reine mit zerlassener Butter, bestreicht sie gut damit und legt sie schichtweise, jeweils gut mit Butter bestrichen, übereinander. Nun bäckt man sie im Rohr schön goldbraun, und stürzt sie. Man reißt sie in Flecke und reicht sie mit Puderzucker bestreut zu Kompott. Ungezuckert kann man sie auch zu Fleischspeisen mit Saucen servieren.

Augsburger Originalrezept

Epfi in Salse von Vanille

Bratäpfel mit Vanillesauce

4 Äpfel, 75 g Rosinen,
50 g gehackte Mandeln,
20 g ganze Mandeln, 20 g Butter
Sauce:
½ l Milch,
oder je ¼ l Milch und Sahne,
1 Vanilleschote, 50 g Zucker,
1 Prise Salz, 2 Eigelb,
1 TL Speisestärke

Die Äpfel waschen und das Kernhaus so ausstechen, daß der Boden unverletzt bleibt. Mit den Rosinen und Mandeln füllen und je eine Butterflocke daraufgeben. Auf ein gefettetes Backblech setzen und im vorgeheizten Backofen (E: 225°) ca. 20 Minuten garen.
Inzwischen die aufgeschnittene Vanilleschote mit der Milch zum Kochen bringen. Zucker, Salz und Eigelb unterschlagen. Die Speisestärke in etwas kalter Milch lösen und einrühren. Kurz aufkochen lassen. Die Bratäpfel in die Sauce legen und auf den Tisch bringen.

Augsburger Zwetschgendatschi

500 g Mehl, 30 g Hefe,
150 g Zucker,
knapp ¼ l lauwarme Milch,
1 Ei, 1 Prise Salz,
75 g Butter oder Margarine,
Mehl zum Bestäuben,
Öl oder Margarine zum Einfetten
Belag:
1 500 g Zwetschgen, 50 g Zucker,
außerdem 50 g Zucker mit
1 EL Zimt (gemahlen)

Mehl in eine Schüssel sieben, in die Mitte eine Mulde drücken und die Hefe hineinbröckeln. Mit 1 TL Zucker und 3 EL Milch zum Vorteig (Dampferl) verrühren. Etwas Mehl vom Rand darüberstäuben. Mit einem Küchentuch abdecken und 15 Minuten an einem warmen Platz gehen lassen. Restlichen Zucker, restliche Milch, Ei, Salz und Butter oder Margarine in kleinen Flöckchen zum Vorteig geben und alles zusammen zu einem glatten Teig kneten. So lange schlagen, bis der Teig Blasen wirft und sich vom Schüsselrand löst. Mit etwas Mehl bestäuben und noch einmal zugedeckt 30 Minuten gehen lassen. Während dieser Zeit die Zwetschgen waschen, abtrocknen und entsteinen. Den Teig ausrollen und auf ein gefettetes Backblech legen. An der vorderen Kante ein Stück Alufolie umknikken, damit kein Saft herunterlaufen kann. Zwetschgen schuppenartig auf den Teig legen, mit Zucker bestreuen und noch einmal 15 Minuten gehen lassen. In den vorgeheizten Ofen auf die mittlere Schiene schieben und 30 Minuten bei 220° (Gasherd Stufe 5) backen. Zucker und Zimt mischen und den Datschi gleich damit bestreuen, wenn er aus dem Ofen kommt.

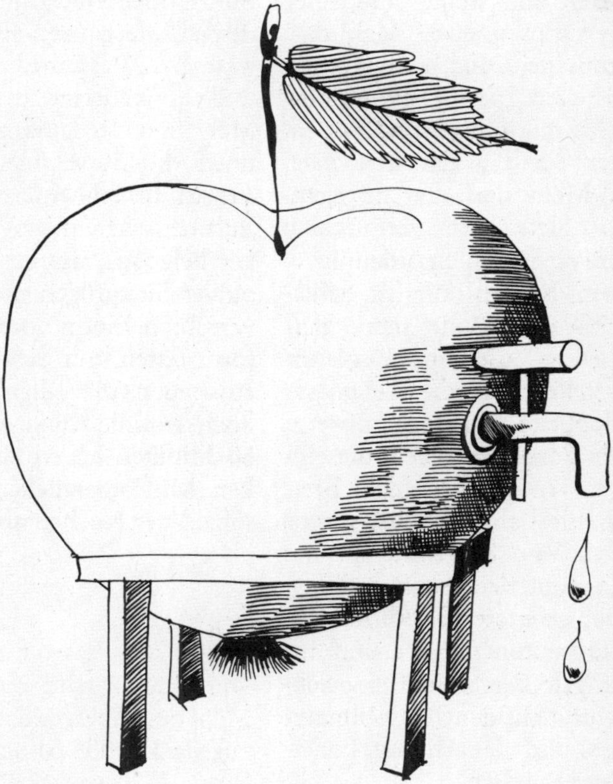

Schwäbischer Hefezopf

500 g Mehl, 20 g Hefe,
100 g Butter, 70 g Zucker, 1 Ei,
2 Eigelb, 1 EL Anis, ½ TL Salz,
⅛–¼ l Milch,
geriebene Schale einer ½ Zitrone,
Puderzucker zum Bestäuben

Die Hefe mit wenig lauwarmer Milch auflösen, etwas Mehl daruntermischen und zum Gehen warmstellen. Inzwischen die Butter schaumig rühren und mit Ei, Zucker, Salz, Zitronenschale, Anis, Mehl und der aufgegangenen Hefe gut vermischen. Gerade soviel Milch hinzufügen, wie zum Kneten nötig ist. Schlagen, bis die Hände sich glatt vom Teig lösen und solange warmstellen, bis die Teigmasse das doppelte Quantum aufweist. In drei Portionen teilen, die einzeln auf einem bemehlten Brett zu je einer langen Wurst gerollt werden. Von der Mitte aus zu einem Zopf flechten und diesen auf ein gefettetes Backblech setzen. Etwas ruhen lassen und mit dem Eigelb bepinseln. Bei gleichmäßiger Mittelhitze hellbraun backen und danach mit Puderzucker bestäuben.

Gugelhupf

200 g Butter oder Margarine,
6 Eier, 250 g Zucker, 500 g Mehl,
abgeriebene Schale einer ½ Zitrone
oder 1 Päckchen Vanillinzucker,
¼ l Milch, 1 Päckchen Backpulver,
Puderzucker zum Bestäuben

Butter oder Margarine schaumig rühren, die ganzen Eier im lauwarmen Wasserbad verquirlen und abwechselnd mit Zucker, Mehl und der lauwarmen Milch unter die Butter mischen. Den Teig 20 bis 30 Minuten schlagen, Zitronenschale oder Vanillinzucker beigeben, das gesiebte Backpulver hinzufügen und alles gut verrühren. Eine große Gugelhupfform fetten, mit Semmelbröseln ausstreuen, die Teigmasse ca. ⅔ hoch einfüllen und etwa 45 bis 60 Minuten bei Mittelhitze backen. Mit Puderzucker bestreuen, sobald der Kuchen abgekühlt ist.

Dampfnudeln auf Zwetschgen

Hefeteig (s. Rezept Seite 79),
1000 g Zwetschgen, 60 g Butter,
3 EL Zucker, etwas Zimt

Aus dem gegangenen Teig sticht man mit einem bemehlten Löffel Nudeln ab, setzt sie auf ein bemehltes Brett und läßt sie mit einem leichten Tuch zugedeckt noch mal etwas gehen. Die gewaschenen, entkernten, halbierten Zwetschgen kocht man mit ganz wenig Wasser, Zucker und Butter kurz an und läßt sie erkalten. Dann kommen sie in eine gut gefettete Steingut- oder Auflaufform und etwas Zimt darüber. Darauf setzt man die Nudeln, bepinselt sie mit flüssiger Butter und bäckt sie im Ofen schön hellbraun.

Der Spätsommer überzieht mit silbernen Fäden das Land. Schon hängen Morgen- und Abendnebel in den weiten Tälern der Flüsse im Ostschwabenland: Wertach, Mindel, Neufnach und Günz. Unter der Last der Früchte des Landes biegen sich die Äste. Jetzt werden hier Äpfel, Birnen und Zwetschgen geerntet.
In den Straßen der alemannischen Dörfer werden die sonst vorherrschenden ländlichen Düfte überlagert von süßlichen Dämpfen, die aus offenen Küchenfenstern strömen: Es ist Einmachzeit! Ganze Familien rühren abwechselnd stundenlang das kochende Zwetschgenmus, und in den Gärten singen die Kinder lauthals den Reim.

»Zwetschgabaväsa
Wo bischt so lang g'wäsa?
Drei Wocha im Himml!
Wia geht's denn do zua?
D'Muadda Gottes tuat
schpinna,
D'Engl tuan singa,
Der Petrus kocht 's Muas,
Rührt um mit 'm Fuaß!«

Zwetschgenbavesen

6–8 altbackene Semmeln, 2 Eier, Semmelbrösel, 1/2 bis 3/4 l Milch, Zwetschgenmarmelade, Zucker, Fett zum Ausbacken

Die Semmeln werden abgerieben, in dünne Scheiben geschnitten, 1 EL voll Zwetschgenmarmelade auf eine Scheibe gestrichen und diese mit einer anderen bedeckt. Sind alle Bavesen gefüllt, so taucht man sie in kalte Milch, läßt sie 15 Minuten stehen und wendet sie, damit sie gut durchweicht sind. Dann verquirlt man die Eier, wendet die Zwetschgenbavesen erst darin, dann in Semmelbröseln und bäckt sie in heißem Fett auf beiden Seiten schön hellbraun. Mit Zucker bestreuen und Kompott dazu reichen.

Register

Nach Sachgruppen

Knödel, Kartoffeln, Beilagen

Gemüse, Salat, Hülsenfrüchte

Eintopf, Auflauf, Pasteten und andere Spezialitäten

Fleisch und Innereien

Wild und Geflügel

Mehlspeisen und Gebäck

Register

Alphabetisch

HEYNE KOCHBÜCHER

Die größte Kochbuch-Spezial-sammlung! Praktisch, handlich, preiswert

07/4438 - DM 7,80

07/4448 - DM 6,80

07/4453 - DM 6,80

07/4447 - DM 12,80

07/4450 - DM 8,80

07/4444 - DM 8,80

07/4449 - DM 7,80

07/4452 - DM 6,80